LA

FRANCE CHARITABLE

ET PRÉVOYANTE

TABLEAU DES ŒUVRES ET INSTITUTIONS

DU DÉPARTEMENT DU

NORD

Publié par les soins de l'Office central des Œuvres de bienfaisance, reconnu d'utilité publique par décret du 3 juin 1896, 175, boulevard Saint-Germain.

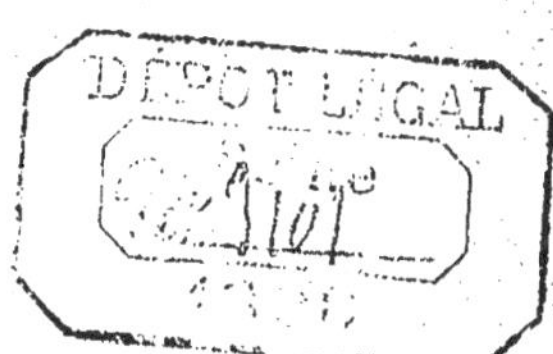

PARIS

LIBRAIRIE PLON

E. PLON, NOURRIT ET Cie, IMPRIMEURS-ÉDITEURS

RUE GARANCIÈRE, 10

1896

OFFICE CENTRAL
DES
ŒUVRES CHARITABLES
175, Boulevard Saint-Germain

EXTRAIT DES STATUTS
I. But de l'Association.

ARTICLE PREMIER.

L'Association d'assistance libre, dite « Office central des Œuvres charitables », fondée en 1890, a pour but de rendre l'exercice de la charité plus efficace, de faire connaître aussi exactement que possible l'état de la misère et les œuvres destinées à la soulager, de discerner et de propager les moyens les plus propres à la prévenir et à la combattre. Elle a son siège à Paris.

ARTICLE 2.

Elle se propose d'atteindre ce but :

1° En procédant à une enquête permanente sur les œuvres charitables de toute nature qui existent en France et sur les services qu'elles peuvent rendre;

2° En les reliant, en fournissant des indications sur ces œuvres et en servant d'intermédiaire auprès d'elles;

3° En recueillant des renseignements sur les pauvres;

4° En provoquant la création d'œuvres d'assistance et notamment d'assistance par le travail, et en aidant à leur développement;

5° En facilitant le rapatriement des individus susceptibles de trouver des moyens d'existence hors de la capitale, et en multipliant, à cet effet, le nombre de ses correspondants;

6° En échangeant des informations et des services avec les œuvres charitables établies à l'étranger, en faisant connaître les différents systèmes d'assistance et leurs résultats pratiques;

7° En propageant les institutions de prévoyance et notamment en facilitant les assurances ouvrières.

CONSEIL D'ADMINISTRATION

Président :

M. le **marquis DE VOGUÉ,** membre de l'Institut, ancien ambassadeur. Vice-président de la Société française de secours aux blessés militaires.

Vice-Président :

M. **Georges PICOT,** membre de l'Institut. Président de la Société française des habitations à bon marché; président de la Société d'apprentissage des jeunes orphelins; membre du conseil d'administration de la Société philanthropique.

Secrétaire général fondateur :

M. **Léon LEFÉBURE,** ancien député. Membre du conseil de l'Œuvre des jeunes garçons incurables; président d'honneur de la Société générale de patronage des libérés, etc.

Trésorier :

M. **Maurice DAVILLIER,** banquier. Directeur de la Caisse d'épargne de Paris.

Vice-Trésorier :

M. **L. BRUEYRE.** Membre du conseil supérieur de l'Assistance publique; administrateur délégué de l'Orphelinat du faubourg Saint-Antoine, 254; membre du conseil de direction de l'Œuvre du sauvetage de l'enfance, etc.

M. le **marquis DE FOUCAULT** (secrétaire du conseil d'administration).

Membres :

M. le **prince D'ARENBERG**, député. Président de la Société philanthropique.

M. **AUBURTIN**, maître des requêtes au Conseil d'Etat.

M. **Henry BERTRAND**, avoué près la Cour d'appel. Assistance par le travail.

M. **Jean-Rémy CHANDON DE BRIAILLES.**

M. **E. CHEYSSON**, inspecteur général des ponts et chaussées. Membre du conseil supérieur de l'Assistance publique; vice-président de la Ligue nationale de prévoyance et de mutualité, et de l'Union des Sociétés de patronage en faveur des prisonniers libérés.

M. **DE CRISENOY**, ancien conseiller d'Etat. Président du comité de l'Union d'assistance du XVIe arrondissement.

M. **Amédée DANGUILLECOURT.** Administrateur de la Société philanthropique.

M. **A. DELAIRE.** Secrétaire général de la Société d'économie sociale; vice-président de la Société générale de patronage des libérés.

M. le **marquis DE GANAY.** Président de la Société des amis de l'enfance.

M. **Fernand GIRAUDEAU.** Membre du conseil de l'Hôpital libre du Perpétuel secours.

M. le **marquis DE GOUVELLO**, ancien député. Président de la Société de patronage des orphelinats agricoles.

M. **A. GUILLOT**, membre de l'Institut, juge d'instruction au tribunal de la Seine. Secrétaire général fondateur du Comité de défense des enfants traduits en justice; vice-président de la Société de patronage pour les jeunes détenus et les jeunes libérés du département de la Seine.

M. le **comte D'HAUSSONVILLE**, de l'Académie française. Président de la Société de protection des Alsaciens-Lorrains demeurés Français.

M. le **général HUMANN**, délégué de l'Œuvre de la Miséricorde.

M. **Nathaniel JOHNSTON**, ancien député. Membre de la Société de secours aux blessés militaires.

M. **Léon LALLEMAND**, correspondant de l'Institut.

M. **Étienne LAMY**, ancien député. Membre du conseil d'administration des Fondations Galliera (orphelinat, maison de retraite).

M. **Eugène LECOMTE**, agent de change honoraire. Membre du Comité de l'Œuvre de l'hospitalité du travail.

M. le **baron DE LIVOIS.** Président fondateur de l'Œuvre de l'hospitalité de nuit.

M. **Eugène MARBEAU**, ancien conseiller d'Etat. Président de la Société des crèches; vice-président de la Société philanthropique.

M. **PÉAN DE SAINT-GILLES**, notaire honoraire. Vice-président de la Société philanthropique.

M. **Albert RIVIÈRE**, ancien magistrat. Secrétaire général de la Société générale des prisons; membre du conseil de l'Union des Sociétés de patronage en faveur des prisonniers libérés; membre du conseil de la Société de protection des engagés volontaires.

M. **RIVOLLET**, conseiller à la Cour des comptes. Membre du bureau d'administration de la Société de secours mutuels du VIIIe arrondissement.

M. le **baron F. DE SCHICKLER.** Président du Comité de direction de la Société des ateliers d'aveugles.

M. **Jules SIMON**, de l'Académie française, sénateur. Président de l'Union française pour la défense ou la tutelle des enfants maltraités ou en danger moral (Sauvetage de l'enfance); président de la Société d'encouragement au bien, etc.

M. **Maurice DE LA SIZERANNE.** Secrétaire général de l'Association Valentin Haüy, pour le bien des aveugles.

M. **STOURM**, ancien inspecteur des finances.

M. le **vicomte DE VILLIERS.** Vice-président du conseil d'administration de la Colonie de Mettray.

Administrateur :

M. **Alphonse BÉCHARD**, ancien préfet.

MEMBRES DÉCÉDÉS DEPUIS 1890 :

M. le **comte DE LAUBESPIN**, sénateur. Fondateur de la Maison de travail pour les hommes.

M. **MAMOZ.** Fondateur de l'Œuvre d'assistance par le travail.

M. le **docteur MARJOLIN**, de l'Académie de médecine, chirurgien honoraire des hôpitaux. Président de la Société protectrice de l'enfance.

M. le **duc DE MORTEMART.** Président du Conseil de l'Œuvre des jeunes incurables.

M. le **baron ROZE.** Membre du Conseil de la Société centrale des naufragés.

NOTE PRÉLIMINAIRE

La « France charitable et prévoyante » se compose : 1° de la série des fascicules départementaux ; 2° d'une Récapitulation générale par nature d'œuvres.

Une notice, placée en tête de la publication, définit le rôle de l'Office central des œuvres charitables, l'objet, le cadre et la méthode de l'enquête qu'elle a organisée pour dresser l'inventaire de la France charitable et prévoyante, les concours qu'elle a utilisés, et les sources auxquelles elle a puisé ses renseignements. Les personnes qui veulent s'éclairer sur ces divers points sont priées de se reporter à cette notice.

Chaque fascicule départemental se publie à part : il embrasse à la fois les œuvres de l'assistance publique et celles de l'assistance privée, sans s'engager sur le terrain de l'instruction primaire, sauf en ce qui concerne les *écoles maternelles*, qui, par certains côtés, touchent à l'assistance infantile. Il comprend aussi les œuvres de prévoyance, mais avec certaines restrictions destinées à limiter l'étendue de la publication.

Ainsi, il présente une situation complète pour les sociétés coopératives de consommation, de construction et pour les caisses d'épargne. Quant aux institutions de patronage et aux sociétés de secours mutuels et de retraite, leur nombre était trop considérable pour qu'on pût songer à les mentionner toutes. Aussi s'est-on borné à donner, pour chacun de ces groupes distincts, les chiffres d'ensemble afférents au département, et de consacrer une inscription nominative exclusivement à celles de ces institutions qui ont été récompensées à l'une des Expositions d'économie sociale de Paris en 1889, de Lyon en 1894, et de Bordeaux en 1895.

On n'a pas cru devoir admettre non plus, dans le cadre du tableau, même à l'état de simple rappel, — malgré leur intérêt considérable à d'autres points de vue, — les sociétés coopératives de crédit ou de production, et les syndicats agricoles, qui n'ont pas semblé se rattacher d'une façon assez directe à l'objet de l'enquête.

Les œuvres sont classées par arrondissement (1). Chacune d'elles est accompagnée d'une notice très condensée qui la définit par ses traits essentiels. Elle ne constitue ni une recommandation, ni un jugement, mais un simple renseignement de fait, tel qu'il a été fourni par l'enquête.

Malgré le soin extrême avec lequel ces tableaux ont été dressés et revisés, il est inévitable qu'ils contiennent quelques erreurs. Aussi leurs rédacteurs font-ils appel aux critiques du public pour les améliorer, en vue d'une édition ultérieure.

(1) Les arrondissements sont séparés par le signe ~~~

La publication de la *France charitable et prévoyante*, donnant le tableau des Œuvres et Institutions des départements, sera complète en 90 fascicules environ, paraissant chaque semaine.

PRIX DU FASCICULE : **50** CENT.

PRIX DE LA SOUSCRIPTION A L'OUVRAGE COMPLET : **35** FR.

Les fascicules seront envoyés *franco de port* aux souscripteurs, au fur et à mesure de leur mise en vente.

Le tableau des *Œuvres et Institutions de Paris et du département de la Seine* fera l'objet d'une publication séparée dont le prix sera fixé ultérieurement.

TABLEAU

DES

ŒUVRES ET INSTITUTIONS

DU

NORD

I

ENFANCE ET ADOLESCENCE

ŒUVRES DE MATERNITÉ

Avant l'accouchement :

Charité maternelle de Sainte-Anne, à Lille (86, rue du Port). — Fondée par l'Université catholique. — Dirigée par les *Sœurs Augustines.* — Reçoit gratuitement, pendant dix jours, au moment de leurs couches, les femmes indigentes, mariées ou non.

Œuvre des Sœurs de la Charité maternelle, à Lille (14, place Sébastopol). — Reçoit gratuitement, au moment de leurs couches, pendant dix ou douze jours, les femmes indigentes ; leur donne une layette. — 20 lits.

Les *Sœurs de la Charité maternelle* (de Metz) vont également soigner à domicile les femmes indigentes en couche.

Hôpital-hospice de Roubaix. (Voir, plus loin, *Hôpitaux et hospices.*) — Reçoit gratuitement des femmes indigentes, au moment de leurs couches. — 24 lits.

Maternité Boucicaut, à Roubaix. — Fondée et dotée par un legs de 666,666 francs fait à cette intention par Mme Boucicaut. — Desservie par les *Petites Servantes de Marie Immaculée.* — Reçoit gratuitement, au moment de leurs couches, les filles mères françaises n'ayant pas encore eu d'enfants. Leur donne, à la sortie, une layette et 20 francs. — 10 lits.

Hôpital de Tourcoing. (Voir plus loin.) — A 15 lits réservés à des femmes indigentes sur le point d'accoucher.

Hôpital-hospice de Dunkerque. (Voir, plus loin, *Hôpitaux et hospices.*) — A 16 lits réservés à des femmes indigentes sur le point d'accoucher.

Hôtel-Dieu de Valenciennes. (Voir, plus loin, *Hôpitaux et hospices.*) — Reçoit gratuitement, dans une salle spéciale, les femmes indigentes, mariées ou non, au moment de leurs couches.

Après l'accouchement :

Bureau de bienfaisance de Lille. — Distribue aux mères indigentes, en layettes ou autres secours, une somme de 6,000 francs qui lui est versée à cette intention spéciale par la municipalité; distribue, en outre, du lait aux enfants du premier âge.

La Mutualité maternelle, à Lille (61, boulevard Montebello). — Fondée, en 1894, par M. Foubert. — Association assurant, moyennant une cotisation mensuelle de 0 fr. 50, un repos de quatre semaines aux sociétaires qui viennent d'accoucher, en leur donnant 18 francs par semaine, plus une prime de 20 francs si elles allaitent.

Société de charité maternelle, à Lille (125, boulevard de la Liberté). — Fondée, en 1817, par Mme de Villeneuve. — *Reconnue établ. d'util. publ.* en 1849. — Divisée en treize sections. — Assiste, après leurs couches, les femmes indigentes mariées ayant déjà trois enfants vivants, ou infirmes avec deux enfants, ou devenues veuves pendant leur grossesse, avec un enfant. Leur donne une layette, un berceau et, pendant un trimestre, des secours en argent. — Assiste, en moyenne, chaque année, 1,200 mères.

Société maternelle de Loos. — Donne une layette aux mères indigentes ayant trois enfants outre le nouveau-né.

Association des mères chrétiennes, à Loos. — Alloue aux femmes indigentes 5 francs au moment de leurs couches (plus 0 fr. 60 par jour, en cas de maladie, et 5 francs au moment du baptême de leur enfant).

Œuvre du prêt de lit aux femmes en couche, à la Madeleine. — Fondée et dirigée par le curé de la paroisse.

Œuvre des layettes, à Roubaix. — Dépendant de la *Société des Dames de Saint-Vincent de Paul.* — Distribue des layettes aux mères indigentes.

Société de charité maternelle de Maubeuge. — Fondée en 1822.

Société de charité maternelle du Cateau. — Fondée, en 1871, par Mme Ch. Seydoux.

Société de charité maternelle de Douai. — Fondée en 1853.

La Maternité dunkerquoise. — Fondée en 1896. — Dirigée par un comité de dames et de messieurs. — Distribue aux femmes indigentes venant d'accoucher des berceaux, des layettes et des secours en argent.

Œuvre de la Miséricorde, à Bergues (fondée en 1853) et **à Bourbourg** (fondée en 1829). — Association de dames distribuant des layettes et des secours alimentaires aux femmes indigentes venant d'accoucher.

Société de charité maternelle de Valenciennes. — Fondée, en 1834, par Mme Serret-Desvignes.

Société municipale de charité maternelle, à Valenciennes. — Dépendant du Bureau de bienfaisance. — Assiste, après leur accouchement, les filles mères indigentes aussi bien que les femmes mariées.

CRÈCHES

Crèche Saint-Vincent, à Lille (24, rue Fénelon). — Fondée en 1872. — Dirigée par les *Sœurs de Saint-Vincent de Paul.*

Crèche Sainte-Marie, à Lille (47, rue d'Iéna). — Fondée en 1880. — Dirigée par les *Sœurs de Saint-Vincent de Paul.* — 40 berceaux.

Crèche Saint-Joseph, à Lille (9, rue Saint-Genois). — Fondée en 1873. — Dirigée par les *Sœurs de Saint-Vincent de Paul.* — 50 berceaux.

(Ces trois crèches dépendent de l'*Œuvre des crèches*, de Lille.)

Crèche des établissements Thiriez, à Loos-lez-Lille (70, rue du Faubourg de Béthune). — Fondée et entretenue par MM. Thiriez. — Réservée aux enfants de leurs ouvriers. — Dirigée par les *Sœurs de Saint-Vincent de Paul.* — 30 berceaux.

Crèche d'Armentières. — Fondée par M. A. Dutilleul, pour les enfants des ouvriers de son établissement industriel. — Dirigée par les *Dames des Missions.*

Crèche du Cateau. — Fondée par M. Seydoux, pour les enfants des ouvrières de ses usines, qu'elle reçoit spécialement, mais non exclusivement. — Dirigée par les *Sœurs de Saint-Vincent de Paul.* — 45 berceaux.

Crèche Sainte-Eugénie, à Dunkerque. — Fondée en 1862. — Direction laïque. — 40 berceaux.

Crèche municipale, à Dunkerque (rue des Arbres). — Fondée en 1891. — Direction laïque.

Crèche Sainte-Marie, à Roubaix. — Fondée, en 1878, par Mme Descat.

Crèche Saint-Joseph, à Roubaix. — Fondée en 1885.

Crèche Sainte-Élisabeth, à Roubaix. — Fondée en 1888.

(Ces trois crèches sont sous la surveillance d'un comité de dames.)

Crèche municipale, à Roubaix. — Fondée en 1894. — 30 berceaux.

Crèches de Tourcoing. — Au nombre de trois, contenant ensemble 78 berceaux : deux privées et une fondée en 1892 par la municipalité, qui la subventionne.

Crèche de Valenciennes. — Dirigée par les *Sœurs de Saint-Vincent de Paul.*

ÉCOLES MATERNELLES (ou SALLES D'ASILE)

449 écoles maternelles dans le département : 204 publiques, dont 180 dirigées par des laïques et 24 par des religieuses; 245 privées, dont 9 dirigées par des laïques et 236 par des religieuses.

Écoles maternelles publiques à :

Lille (vingt-cinq). — Direction laïque.
Cysoing. — *Id.*
Faches. — *Id.*
Faches-Thumesnil. — *Id.*
Saint-André. — *Id.*
Armentières (quatre). — *Id.*
La Chapelle d'Armentières (deux). — *Id.*
Houplines-Centre. — Dirigée par des religieuses.
Houplines-Route. — Direction laïque.
La Bassée. — *Id.*
Herlies. — Dirigée par des religieuses.
Aubers. — *Id.*
Sainghin en Weppes. — Direction laïque.
Haubourdin (rue de l'École). — *Id.*
— (rue de Béthune). — Dirigée par des religieuses.
Lomme (trois). — Direction laïque.
Loos. — *Id.*
Wavrin. — *Id.*
Comines. — *Id.*
Seclin. — *Id.*
Annœullin. — *Id.*
Pérenchies. — Dirigée par des religieuses.

∿∿∿

Roubaix (douze). — Direction laïque.
Croix (trois). — *Id.*
Wasquehal. — *Id.*
Halluin. — *Id.*
Tourcoing (sept). — *Id.*
Marcq en Barœul (deux). — *Id.*
— — Dirigée par des religieuses.
Mouvaux. — Direction laïque.
Lannoy. — Dirigée par des religieuses.
Lys-lez-Lannoy. — Direction laïque.

∿∿∿

Avesnes (deux). — *Id.*
Avesnelles. — *Id.*
Etrœungt. — *Id.*
Sains du Nord. — *Id.*
Berlaimont. — *Id.*
Maubeuge (sept). — *Id.*
Ferrière-la-Grande. — *Id.*
Hautmont (deux). — *Id.*

Jaimont. — Direction laïque.
Louvroil. — *Id.*
Solre-le-Château. — *Id.*
Cousolre. — *Id.*
Anor. — *Id.*
Fourmies (trois). — *Id.*
Glageon. — *Id.*
Wignehies (deux). — *Id.*
Bousies. — *Id.*
Le Quesnoy. — Dirigée par des religieuses.
Le Cateau. — Dirigée par les *Sœurs de la Sagesse.*
Saint-Souplet. — Direction laïque.
Neuvilly. — *Id.*
Solesmes. — *Id.*
Viesly. — *Id.*

~~~

Cambrai (cinq). — *Id.*
Escaudœuvres. — *Id.*
Avesnes-lez-Aubert. — *Id.*
Beauvois. — *Id.*
Fontaine-au-Pire. — *Id.*
Saint-Hilaire. — Dirigée par des religieuses.
Clary. — Direction laïque.
Busigny. — *Id.*
Caudry. — *Id.*
Maretz. — Dirigé par les *Sœurs de Saint-Vincent de Paul.*
Walincourt. — Direction laïque.
Crèvecœur. — Dirigée par des religieuses.
Gonzeaucourt. — Direction laïque.
Masmières. — *Id.*

~~~

Douai (six). — *Id.*
Lallaing. — Dirigée par des religieuses.
Roost-Warendin. — Direction laïque.
Aniche (trois). — *Id.*
Marchiennes. — *Id.*
Fenain. — *Id.*
Somain. — *Id.*
Orchies. — *Id.*

~~~

Dunkerque (six). — Direction laïque.
— (deux). — Dirigées par les *Sœurs de la Providence* (de Rouen).
Bergues. — Dirigée par les *Sœurs de Saint-Vincent de Paul.*
Bourbourg. — Direction laïque.
Rosendaël. — *Id.*
Saint-Pol-sur-Mer (deux). — Dirigées par des religieuses.
Gravelines (deux). — Direction laïque.
Loon-Plage. — *Id.*
Hondschoote. — Dirigée par des religieuses.

~~~

Hazebrouck (deux). — Direction laïque.

Bailleul. — Direction laïque.
— — Dirigée par les *Sœurs de Saint-Vincent de Paul.*
Steenwerck. — Direction laïque.
Vieux-Berquin. — *Id.*
Cassel. — *Id.*
Caistre.
Steenbecque. — Direction laïque.
Merville. — *Id.*

Valenciennes (quatre). — *Id.*
— Dirigée par les *Sœurs de Saint-Vincent de Paul.*
Haspres. — Direction laïque.
Lourches. — *Id.*
Condé-Hergnies. — *Id.*
Denain (quatre). — *Id.*
Abscon. — Dirigée par les *Sœurs de Saint-Vincent de Paul.*
Escaudain. — Direction laïque.
Saint-Amand (trois). — *Id.*
Mortagne. — Dirigée par les *Sœurs de la Providence* (de Portieux).
Raismes (deux). — Direction laïque.
Onnain. — *Id.*
Carouble. — *Id.*
Anzin (trois). — *Id.*
Maing. — *Id.*

Écoles maternelles privées, à :

Lille (une). — Direction laïque.
— (trente-trois). — Dirigées par les *Sœurs de Saint-Vincent de Paul,* — *de la Providence* (de Portieux), — les *Filles de la Sagesse,* — *de l'Enfant-Jésus*, etc.
La Madeleine (deux). — Dirigées par les *Filles de la Croix.*
Bouvines. — Dirigée par des religieuses.
Cysoing. — *Id.*
Lambersart (deux). — *Id.*
Saint-André. — *Id.*
Fâches. — *Id.*
Armentières (six). — Dirigées par les *Sœurs de Saint-Vincent de Paul,* — *de l'Instruction charitable de l'Enfant-Jésus,* — les *Filles de la Sagesse.*
La Chapelle d'Armentières. — Dirigée par des religieuses.
Erquinghem-Lys. — Dirigée par les *Sœurs de Saint-Vincent de Paul.*
Frelinghien. — Dirigée par les *Filles de l'Enfant-Jésus.*
Houplines (route). — Dirigée par des religieuses.
Fournes. — Direction laïque.
Sainghin en Weppes. — Dirigée par les *Filles de la Sagesse.*
Haubourdin (une). — Direction laïque.
— (deux). — Dirigées par des religieuses.
Beaucamps. — Dirigée par les *Filles de l'Enfant-Jésus.*
Lomme. — Direction laïque.
Loos (trois). — Dirigées par les *Sœurs de Saint-Vincent de Paul* et les *Sœurs de l'Education chrétienne.*
Santes. — Dirigée par des religieuses.
Wavrin. — *Id.*

Phalempin. — Dirigée par des religieuses.
Quesnoy-sur-Deule (deux). — *Id.*
Comines (quatre). — *Id.*
Seclin. — *Id.*
Allennes-le-Marais. — *Id.*
Annœullin. — *Id.*
Bauvin. — *Id.*
Lesquin. — *Id.*
Wattignies. — *Id.*

~~~

Roubaix (vingt-deux). — Cinq dirigées par les *Sœurs de Sainte-Thérèse,* — treize par les *Filles de la Sagesse,* — une par les *Sœurs Clarisses,* — une par les *Religieuses Carmélites* et une par les *Religieuses Dominicaines.*
Watrelos. — Dirigée par des religieuses.
Croix. — *Id.*
Wasquehal. — Dirigée par les *Sœurs Franciscaines.*
Tourcoing (quinze). — Dirigées par les *Filles de la Sagesse,* — les *Sœurs Franciscaines de Notre-Dame des Anges,* — les *Filles de l'Enfant-Jésus,* etc.
Halluin. — Dirigée par des religieuses.
Roncq (deux). — *Id.*
Marcq en Barœul. — *Id.*
Mouvaux. — *Id.*
Annappes. — Dirigée par les *Sœurs de Saint-Vincent de Paul.*
Chereng. — Dirigée par des religieuses.
Willems. — *Id.*
Lys-lez-Lannoy. — *Id.*

~~~

Avesnes (deux). — *Id.*
Bavay. — *Id.*
Landrecies. — *Id.*
Le Quesnoy. — Direction laïque.
— (deux). — Dirigées par des religieuses.
Maresches. — *Id.*
Le Cateau (deux). — *Id.*
Etrœungt. — *Id.*
Berlaimont. — *Id.*
Maubeuge (quatre). — *Id.*
Ferrière-la-Grande. — *Id.*
Hautmont. — *Id.*
Jeumont. — *Id.*
Solre-le-Château. — *Id.*
Cousolre. — *Id.*
Trélon. — *Id.*
Anor. — *Id.*
Fourmies. — *Id.*
Wignehies. — *Id.*

~~~

Cambrai (cinq). — Dirigées par les *Sœurs de Saint-Vincent de Paul* et les *Filles de la Sagesse.*
Escaudœuvres. — Dirigée par des religieuses.
Iwuy. — *Id.*
~~~

Neuville-Saint-Remy. — Dirigée par les *Filles de la Sagesse.*
Paillencourt. — *Id.*
Raillencourt. — Direction laïque.
Avesnes-lez-Aubert. — Dirigée par des religieuses.
Clary. — *Id.*
Caudry. — Dirigée par les *Sœurs des Écoles chrétiennes de la Miséricorde.*
Esnes. — Direction laïque.
Villers-Outréaux. — Dirigée par des religieuses.
Gouzeaucourt. — *Id.*
Masnières. — *Id.*

~~~

Mazinghien. — *Id.*
Solesmes. — *Id.*

~~~

Douai (huit). — *Id.*
Arleux. — *Id.*
Gœulzin. — Dirigée par les *Sœurs de Saint-Vincent de Paul.*
Flines-les-Raches. — Dirigée par des religieuses.
Sin-le-Noble (deux). — *Id.*
Auchy. — *Id.*
Esquerchin. — Dirigée par les *Sœurs de Saint-Vincent de Paul.*
Lauwin-Planque. — Dirigée par des religieuses.
Raimbeaucourt. — *Id.*
Aniche. — Dirigée par les *Sœurs de Saint-Vincent de Paul.*
Auberchicourt. — Dirigée par des religieuses.
Lewarde. — *Id.*
Marchiennes. — *Id.*
Bouvignies. — *Id.*
Ornain. — *Id.*
Somain (deux). — *Id.*
Villers-Campeau. — *Id.*
Orchies (deux). — *Id.*
Coutiches. — *Id.*

~~~

Dunkerque (quatre). — *Id.*
Bergues. — Dirigée par les *Sœurs de Saint-Vincent de Paul.*
Socx. — *Id.*
Bourbourg. — Dirigée par les *Filles de l'Enfant-Jésus.*
Bray-Dunes. — Dirigée par des religieuses.
Malo-les-Bains. — Dirigée par les *Filles de la Sagesse.*
Rosendaël. — Dirigée par des religieuses.
Gravelines (deux). — Dirigées par les *Filles de l'Enfant-Jésus.*
Rexpoëde. — Dirigée par des religieuses.
Wormhoudt. — *Id.*
Herzcèle. — *Id.*

~~~

Hazebrouck (trois). — Dirigées par les *Sœurs de Saint-Vincent de Paul.*
Bailleul (deux). — Dirigées par les *Sœurs de l'Enfant-Jésus* et les *Dames de Saint-Maur.*
Nieppe. — *Id.*
Cassel (deux). — Dirigées par les *Filles de l'Enfant-Jésus.*

Merville. — Dirigée par les *Filles de l'Enfant-Jésus.*
La Gorgue. — Dirigée par des religieuses.

Valenciennes (une). — Direction laïque.
— (quatre). — Dirigées par les *Sœurs de Saint-Vincent de Paul,* — les *Filles de la Sagesse* et les *Sœurs de la Providence* (d'Avesnes).
Bouchain. — Direction laïque.
Marquette. — Dirigée par des religieuses.
Condé. — Dirigée par les *Filles de l'Enfant-Jésus* (de Lille).
Fresnes (deux). — Dirigées par des religieuses.
Vieux-Condé. — Dirigée par les *Filles de l'Enfant-Jésus.*
Denain (trois). — Dirigées par les *Sœurs de Saint-Vincent de Paul* et les *Dames de la Sainte-Union.*
Saint-Amand (trois). — Deux dirigées par les *Sœurs de la Providence* et une par les *Sœurs de Saint-Joseph de Nazareth.*
Raismes (deux). — Dirigées par les *Sœurs de Saint-Vincent de Paul* et les *Sœurs de la Sainte-Famille.*
Rumegies. — Dirigée par des religieuses.
Préseau. — Dirigée par les *Sœurs de Saint-Erme.*
Quiévrechain. — Dirigée par les *Sœurs de Saint-Vincent de Paul.*
Anzin (deux). — *Id.*
Aubry. — *Id.*
Bruay. — Dirigée par des religieuses.
Saint-Saulve. — Dirigée par les *Sœurs de Saint-Vincent de Paul.*
Wallers. — Dirigée par les *Sœurs servantes de Marie* (d'Anglet).
Artres. — Dirigée par les *Filles de la Sagesse.*
La Sentinelle. — Dirigée par les *Sœurs de Saint-Vincent de Paul.*
Trith-Saint-Léger. — Dirigée par les *Sœurs de la Providence* (de Portieux).

MAISONS SPÉCIALES POUR ENFANTS MALADES

Asile libre d'incurables, à Lille (101, boulevard Victor Hugo). — Fondé en 1877 et dirigé par les *Sœurs Franciscaines de la Propagation de la Foi.* — Reçoit des jeunes filles atteintes d'infirmités incurables ou chroniques, moyennant une pension variable (de 400 francs au moins pour celles qui ne sont pas domiciliées à Lille).

Un quartier spécial est affecté aux idiotes et aux épileptiques.

Hôpital Saint-Antoine de Padoue. (Annexe de l'*Asile libre d'incurables.*) — Reçoit des enfants malades, depuis le premier âge jusqu'à onze ans.

Au dispensaire dépendant de cet hôpital, des consultations gratuites sont données tous les jours.

Hôpital maritime de Saint-Pol. — Fondé en 1891. — Direction laïque. — Reçoit des enfants scrofuleux du département, la plupart gratuitement. — 200 places. — Pavillon spécial de 80 lits fondé, en 1896, par la ville de Roubaix pour les enfants de ses écoles communales.

Hôpital maritime de Malo-les-Bains. — Fondé en 1897. — Desservi par les *Filles de la Sagesse.* — Reçoit des enfants anémiques, moyennant une pension variable.

Asile de Merris (par Bailleul). — Dirigé par les *Sœurs Franciscaines* (de Lyon). — Reçoit, entre 15 et 20 ans, des jeunes filles idiotes ou infirmes (celles du département de préférence), moyennant une pension annuelle de 250 francs.

ÉCOLE D'AVEUGLES

École de garçons aveugles, à Ronchin (banlieue de Lille). — Fondée en 1842. — Dirigée par les *Frères de Saint-Gabriel.* — Reçoit, entre 9 et 14 ans, des garçons aveugles, moyennant une pension de 600 francs par an, plus la fourniture et l'entretien d'un trousseau. — 92 places.

École de jeunes filles aveugles, à Lille (131, rue Royale). — Fondée en 1838. — Dirigée par les *Sœurs de la Sagesse.* — Reçoit, entre 8 et 12 ans, des filles aveugles, moyennant une pension de 550 francs par an et 25 francs d'entrée. — 74 places.

ÉCOLES DE SOURDS-MUETS

Institution de sourds-muets, à Ronchin. — Fondée, en 1834 (à Lille), par M. Massieu. — Sous la même direction que l'*École de garçons aveugles.* — Reçoit des garçons sourds-muets aux mêmes conditions. — 92 places.

Institution de sourdes-muettes, à Lille (131, rue Royale). — Fondée, comme la précédente, par M. Massieu, y était jointe d'abord et n'en fut séparée qu'en 1846. — Sous la même direction que l'*École des jeunes filles aveugles.* — Reçoit des jeunes filles sourdes-muettes aux mêmes conditions. — 74 places.

ENFANTS ALIÉNÉS

Asile départemental d'Armentières. (Voir, plus loin, *Aliénés adultes.*) — Reçoit des enfants aliénés, qui sont confiés aux soins des *Sœurs de la Sagesse.*

SECOURS AUX ENFANTS DES ÉCOLES

Comité lillois du sou des écoles laïques, à Lille. — Assiste les enfants fréquentant les écoles laïques de la ville.

Société du denier des écoles laïques, à Lille. — Même objet.

Œuvre des cantines scolaires, à Lille. — Même objet.

Cantines et vestiaires scolaires, à Roubaix. — Fondés, en 1892, par la municipalité, pour les enfants fréquentant les écoles communales et dont les parents, habitant la ville, sont indigents.

Cantines et vestiaires scolaires, à Tourcoing. — Fondés, en 1893, par la municipalité.

Denier des écoles laïques, à Hazebrouck. — Distribue des secours en nature aux enfants fréquentant les écoles communales.

Œuvre de secours aux enfants des asiles et écoles libres, à Hazebrouck. — Distribue à ces enfants des vêtements que des dames, membres de l'œuvre, confectionnent elles-mêmes, et d'autres objets.

Œuvre semblable à **Cassel** et à **Bailleul.**

ADOPTION, ÉDUCATION, PROTECTION DES ORPHELINS INDIGENTS.

Œuvre des orphelins de la guerre, à Lille. — Fondée en 1871. — Administrée par un comité de dames. — Alloue à chaque orphelin adopté par elle 15 francs par mois (sans que la somme accordée à une famille puisse dépasser 40 francs) et aux orphelines une somme de 200 francs qui, augmentée des intérêts, doit servir à leur établissement. Place à ses frais dans un orphelinat jusqu'à 15 ans, et ensuite en apprentissage, ceux de ses pupilles qui ont perdu leur mère.

Œuvre des jeunes économes, à Valenciennes (rue Salle-le-Comte). — Association de demoiselles recueillant des jeunes filles pauvres et les faisant élever à leurs frais à l'orphelinat dirigé par les *Sœurs de Saint-Vincent de Paul.*

ORPHELINATS DE GARÇONS

Orphelinat Saint-Gabriel (*Œuvre de don Bosco*), **à Lille** (286, rue Gambetta). — Dirigé par les *Prêtres Salésiens.* — Reçoit à 11 ans, des garçons légitimes, orphelins ou délaissés, moyennant uue pension de 300 francs par an (plus 20 francs d'entrée), réduite pour les plus indigents, et, après leur entrée, pour les plus méritants et les plus laborieux. Leur apprend divers métiers, dans des ateliers spéciaux : typographie, lithographie, reliure, confection de vêtements d'hommes, cordonnerie, menuiserie, serrurerie, gravure sur métaux, clicherie.

Orphelinat de don Bosco, à Lille (288, rue Gambetta). — Fondé en 1873. — Sous la même direction que le précédent. — Reçoit, à 11 ans, des garçons orphelins, les plus indigents gratuitement, les autres moyennant une pension de 360 francs par an.

Orphelinat des Bleuets (ou *Hospice Comtesse*), **à Lille** (32, rue de la Monnaie). — Dirigé par les *Sœurs de Saint-Vincent de Paul,* sous la surveillance de la commission des hospices. — Reçoit, entre 6 et 12 ans, des garçons orphelins (et, par exception, semi-orphelins), Français, nés à Lille de parents originaires eux-mêmes de la ville, les plus indigents gratuitement, les autres moyennant une pension de 400 francs par an.

Orphelinat de l'hospice général de Lille. — Dirigé par les *Filles de l'Enfant-Jésus,* sous la surveillance de la commission des hospices. — Reçoit gratuitement des garçons orphelins ou abandonnés.

Orphelinat Saint-Nicolas, à Sainghin en Mélantois. — Dirigé par les *Prêtres de l'Institut de la Charité.* — Reçoit des garçons, entre 6 et 13 ans, moyennant une pension de 300 francs et 50 francs d'entrée. Leur apprend les métiers de tailleur, cordonnier, menuisier, jardinier et sculpteur.

Orphelinat des hospices, à Roubaix. — Dirigé par les *Filles de l'Enfant-Jésus*, sous la surveillance de la commission des hospices. — Reçoit gratuitement, jusqu'à 12 ans, des orphelins nés à Roubaix de parents français. A 12 ans le Bureau de bienfaisance les place dans d'autres orphelinats.

Orphelinat de l'hospice de Wattrelos. — Dirigé par les *Filles de l'Enfant-Jésus.* — Reçoit gratuitement des orphelins nés de parents originaires du pays. — 50 places. (Voir *Orphelinats de filles.*)

Orphelinat Saint-Joseph, à Lauwin-Planque. — *Autorisé* en 1888. — Dirigé par un ecclésiastique avec l'assistance des *Religieuses Augustines* (d'Arras). — Reçoit des garçons orphelins à 5 ans et les garde jusqu'à 13 ans, moyennant une pension variable. — 70 places.

Orphelinat de l'hôpital général de Dunkerque. — Dirigé par les *Filles de l'Enfant-Jésus.* — Reçoit gratuitement des garçons orphelins de la ville. — 30 places.

Orphelinat du Divin Rédempteur, à Dunkerque (rue de Marengo). — Fondé en 1882. — Dirigé par les *Frères de la Doctrine chrétienne.* — Reçoit gratuitement des garçons orphelins de la ville, à 7 ans, et les garde jusqu'à 15 ans.

Orphelinat de l'hospice civil de Dunkerque. — Dirigé par les *Sœurs de l'Enfant-Jésus*, sous la surveillance de la commission des hospices. — Reçoit gratuitement des garçons orphelins de la ville. — 50 places.

Orphelinat de l'hospice de Bourbourg. — Dirigé par les *Sœurs de l'Enfant-Jésus*, sous la surveillance de la commission des hospices. — Reçoit gratuitement des garçons orphelins de la ville. — 10 places.

Orphelinat de Bergues. — Dirigé par les *Sœurs de Saint-Vincent de Paul*, sous la surveillance du Bureau de bienfaisance. — Reçoit gratuitement des garçons orphelins de la ville. — 18 places.

Orphelinat de Cassel. — Dirigé par les *Sœurs de l'Enfant-Jésus.* — Reçoit des garçons moyennant une pension variable.

Orphelinat d'Estaires. — Dirigé par les *Sœurs de Saint-Vincent de Paul.* — Reçoit des garçons, depuis l'âge de 3 ans, moyennant une pension de 300 francs par an. A 13 ans, les place en apprentissage. — 20 places.

Orphelinat Saint-Mauront, à Bois d'Estaires. — Fondé en 1891. — Dirigé par les *Pères du Saint-Esprit et du Saint-Cœur de Marie.* — Reçoit des garçons, entre 12 et 14 ans, et les garde jusqu'à 18 ou 20 ans, moyennant une pension de 300 francs par an et 25 francs d'entrée. Leur apprend les travaux agricoles et divers métiers.

Orphelinat de l'hospice d'Hazebrouck. — Dirigé par les *Sœurs de Saint-Vincent de Paul,* sous la surveillance de la commission des hospices. — Reçoit des garçons orphelins de la ville. — 30 places.

Orphelinat Saint-Joseph, à Bailleul. — Dirigé par les *Sœurs de Saint-Vincent de Paul,* sous la surveillance de la commission des hospices. — Reçoit, entre 2 et 8 ans, des garçons et les garde jusqu'à 18 ans, moyennant une pension de 300 francs par an et 50 francs d'entrée.

Orphelinat des Bleus, à Valenciennes. — Fondé en 1525. — Administré par la commission des hospices. — Reçoit, à 8 ans, des garçons nés dans la ville, et les garde jusqu'à 15 ou 16 ans, moyennant la somme de 1,500 francs une fois donnée, plus un trousseau. — 12 places.

Orphelinat de l'hospice général de Valenciennes. — Dirigé par les *Sœurs de Saint-Vincent de Paul,* sous la surveillance de la commission des hospices. — Reçoit des garçons orphelins de la ville. — 35 places.

Orphelinat de Denain. (Voir, plus loin, *Orphelinats de filles.*) — Reçoit des garçons aux mêmes conditions que les filles.

ORPHELINATS DE FILLES

Orphelinat, à Lille (13, terrasse Sainte-Catherine, et 16, rue de la Barre). — Fondé, en 1833, par Mlle Poleau. — Dirigé par les *Sœurs de Saint-Vincent de Paul.* — Reçoit des filles, entre 2 et 12 ans, et les garde jusqu'à 21 ans, moyennant une pension de 20 francs par mois, payée jusqu'à 18 ans. Leur apprend la lingerie et les soins du ménage. — 170 places.

Orphelinat, à Lille (2, rue Saint-Gabriel). — Fondé par M. l'abbé Malfait. *Autorisé.* — Dirigé par les *Sœurs de Saint-Vincent de Paul.* — Reçoit des filles orphelines ou semi-orphelines, de préférence légitimes, moyennant une pension de 18 francs par mois. Leur apprend la couture et les soins du ménage. — 4 places.

Orphelinat, à Lille (boulevard de la Moselle). — Fondé, en 1864, par Mme Dehau-Delaruyelle. — Dirigé par les *Sœurs de Saint-Vincent de Paul.* — Reçoit des filles, moyennant une pension modique. — 65 places.

Orphelinat, à Lille (24, rue Fénelon). — Fondé en 1872. — Dirigé par les *Sœurs de Saint-Vincent de Paul.* — Reçoit gratuitement des filles orphelines et les garde jusqu'à 21 ans. Leur apprend la couture, les soins du ménage, et les place comme servantes. — 26 places.

Orphelinat, à Lille (32, rue de Metz). — Fondé et dirigé par les *Sœurs de l'Enfant-Jésus.* — Reçoit des filles, depuis 6 ans, sans âge fixé pour la sortie, moyennant une pension de 200 francs par an, plus l'habillement. Les place comme servantes. — 40 places.

Orphelinat, à Lille (38, rue Gaulois). — Fondé en 1882, et dirigé par les

Sœurs de Saint-Vincent de Paul. — Reçoit des filles orphelines ou semi-orphelines, les plus indigentes gratuitement, les autres moyennant une pension variable. Leur apprend la couture et la lingerie. — 28 places.

Orphelinat, à Lille (9 et 11, rue Colbert). — Dirigé par les *Sœurs de Niederbronn.* — Reçoit des filles moyennant une pension variable. — 5 places.

Orphelinat de l'hospice Strappaert, à Lille. — Dirigé par les *Sœurs de Saint-Vincent de Paul*, sous la surveillance de la commission des hospices. — Reçoit gratuitement, à 6 ans, des orphelines de la ville et les garde jusqu'à 21 ans. — 80 places.

Orphelinat du dispensaire libre de Saint-Sauveur. — Fondé en 1888 et dirigé par les *Sœurs de Saint-Vincent de Paul.* — Reçoit, depuis 3 ans, des filles orphelines ou abandonnées. Les place comme servantes. — 45 places.

Orphelinat de Comines. — Dirigé par les *Filles de l'Enfant-Jésus.* — Reçoit à 4 ans et garde jusqu'à 21 ans des filles orphelines de la commune, les indigentes gratuitement, les autres moyennant une pension variable. — 14 places.

Orphelinat du Bon-Pasteur, à Loos. — Fondé, en 1845, par la comtesse de Grandville. — *Autorisé.* — Dirigé par les *Sœurs de Notre-Dame de la Charité du Bon-Pasteur.* — Reçoit des filles orphelines et les garde jusqu'à 21 ans, moyennant une pension variable. — 80 places.

Orphelinat Thiriez, à Loos. — Reçoit des filles depuis 3 ans, moyennant une pension de 1 fr. 15 par jour retenu sur leur salaire. — 60 places. (Voir *Institutions patronales.*)

Orphelinat de Perenchies. — Fondé par la Compagnie Linière. — Dirigé par les *Sœurs de Sainte-Marie* (d'Angers). — Reçoit des filles moyennant une pension de 0 fr. 75 par jour, retenue sur le salaire qu'elles gagnent en travaillant à la filature. Le reste du salaire est mis de côté pour leur constituer un petit pécule. — 16 places. (Voir *Institutions patronales.*)

Orphelinat d'Orchies. — Dirigé par les *Filles de l'Enfant-Jésus.* — Reçoit des filles moyennant une pension variable.

Orphelinat de la Bassée. — Dirigé par les *Filles de l'Enfant-Jésus.* — Reçoit des filles moyennant une pension variable.

Orphelinat d'Haubourdin. — Dirigé par les *Sœurs de la Sagesse.* — Reçoit des filles moyennant une pension variable.

Orphelinat d'Armentières. — Dirigé par les *Dames des Missions.* — Reçoit des filles moyennant une pension variable.

Orphelinat de l'hospice d'Armentières. — Dirigé par les *Sœurs de Saint-Vincent de Paul*, sous la surveillance de la commission des hospices. — Reçoit des filles de la ville.

Orphelinat d'Houplines. — Reçoit des filles, à partir de 3 ans, moyennant une pension variable. — 11 places.

Orphelinat du Sacré-Cœur, à Roubaix (117, rue Pellart). — Fondé en 1866 par Mme Darmagnac (de la congrégation des *Filles de la Charité*), dans un immeuble donné à la ville par Mme Lefebvre, du Cateau. — Dirigé par les *Sœurs de Saint-Vincent de Paul.* — Reçoit dès 3 ans et garde jusqu'à 21 ans des filles orphelines de mère, moyennant une pension de 200 francs payée jusqu'à 18 ans et 100 francs d'entrée; et, aux frais du bureau de bienfaisance, un certain nombre de filles de la ville, orphelines de père et de mère. Leur apprend la couture et les soins du ménage. — 150 places.

Orphelinat de Wattrelos. — Dirigé par les *Filles de l'Enfant-Jésus*, sous la surveillance de la commission des hospices. — Reçoit gratuitement des orphelines de la ville. — 50 places.

Orphelinat de Croix. — Fondé en 1881 par Mme Vallart. — Dirigé par les *Sœurs de Saint-Vincent de Paul.* — Reçoit des filles moyennant une pension variable.

Orphelinat de Tourcoing (rue de Gand). — Fondé en 1852. — Dirigé par les *Sœurs de Saint-Vincent de Paul.* — Reçoit des filles orphelines et les garde jusqu'à 21 ans moyennant une pension de 200 francs par an. — 115 places (dont 18 à la disposition du Bureau de bienfaisance).

Orphelinat de l'Hôtel-Dieu, à Tourcoing. — Fondé en 1852. — Dirigé par les *Filles de l'Enfant-Jésus.* — Reçoit des filles orphelines indigentes de la ville, les unes gratuitement, les autres moyennant une pension de 400 francs par an. — 200 places.

Orphelinat de Bondues. — Fondé en 1851. — Dirigée par les *Filles de l'Enfant Jésus.* — Reçoit des filles et les garde jusqu'à 21 ans, gratuitement, ou moyennant une pension modique. — 4 places.

Orphelinat d'Halluin. — Fondé par M. l'abbé Bliccq. — Dirigé par les *Sœurs de la Sagesse*, sous la surveillance du Bureau de bienfaisance. — Reçoit à 10 ans et garde jusqu'à 21 ans des filles légitimes orphelines, moyennant une pension modique. Les place comme ouvrières ou servantes. — 7 places.

Orphelinat de Linselles. — Fondé en 1863 par Mlle Delannoye. — Dirigé par les *Filles de l'Enfant-Jésus*, sous la surveillance du Bureau de bienfaisance. — Reçoit gratuitement des filles orphelines de la commune, entre 8 et 10 ans, et les garde jusqu'à 21 ans. Les place comme servantes. — 12 places.

Orphelinat d'Avesnes. — Dirigé par les *Sœurs de la Compassion* (de Domfront). — Reçoit des filles depuis l'âge de 3 ans, moyennant une pension de 300 francs par an et 25 francs d'entrée. Leur apprend la couture, le blanchissage et les soins du ménage.

Orphelinat de Fourmies. — Dirigé par les *Sœurs de la Compassion* (de Villersexel). — Reçoit des filles moyennant une pension variable.

Orphelinat du Sacré-Cœur de Marie, au Quesnoy. — Fondé en 1859, et dirigé par les *Sœurs de Saint-Vincent de Paul.* — *Reconnu établ. d'util. publ.* — Reçoit des filles à 8 ans et les garde jusqu'à 21 ans, les plus indigentes gratuitement, les autres moyennant une pension variable. Les place comme servantes ou employées. — 70 places.

Orphelinat-ouvroir Vandenburch, à Cambrai. — Fondé par Mgr Vandenburch, archevêque de Cambrai. Administré par la commission des hospices. — Reçoit gratuitement, entre 10 et 12 ans, et garde jusqu'à 18 ou 20 ans des filles de la ville. — 100 places.

Orphelinat du Bon-Pasteur, à Cambrai. — Fondé en 1879 et dirigé par les *Sœurs du Bon-Pasteur* (d'Angers). — Reçoit des filles à 6 ans et les garde jusqu'à 21 ans, les plus indigentes gratuitement, les autres moyennant une pension variable. — 30 places.

Orphelinat de Maretz. — *Autorisé* en 1870. — Dirigé par les *Sœurs de Saint-Vincent de Paul.* — Reçoit des filles à 4 ans et les garde jusqu'à 21 ans ou davantage, la plupart gratuitement, les autres moyennant une pension variable. — Place les unes comme institutrices, les autres comme servantes. — 22 places.

Orphelinat Sainte-Marie, à Paillencourt. — Fondé en 1853. — *Autorisé* en 1890. — Dirigé par des religieuses. — Reçoit à 3 ans et garde jusqu'à 12 ou 16 ans des filles orphelines ou abandonnées, gratuitement ou moyennant une pension modique.

Orphelinat de la Miséricorde, à Douai (rue du Cloître Saint-René). — Fondé, en 1836, par M. de Forest de Léwarde. — Dirigé par les *Sœurs de Saint-Vincent de Paul.* — Reçoit gratuitement des filles orphelines ou semi-orphelines. — 40 places.

Orphelinat de l'hôpital général, à Douai. — Dirigé par les *Sœurs de Saint-Vincent de Paul,* sous la surveillance de la commission des Hospices. — Reçoit gratuitement les orphelines indigentes de la ville. — 22 places.

Orphelinat de la Renaissance (par Somain). — Fondé par la Compagnie des mines d'Anzin. — Dirigé par les *Sœurs de Saint-Vincent de Paul.* — Reçoit à 9 ans et garde jusqu'à 21 ans des filles d'ouvriers morts au service de la Compagnie.

Orphelinat industriel de l'abbaye des Prés. — Dirigé par les *Sœurs de Saint-Vincent de Paul.* — Reçoit gratuitement à 7 ans et garde jusqu'à 21 ans des filles travaillant (à partir de 13 ans) à l'usine. — 50 places.

Orphelinat de Mlle Desticker, à Dunkerque. — Fondé en 1848. — Dirigé par les *Sœurs de Marie Auxiliatrice.* — Reçoit des filles moyennant une pension variable.

Orphelinat de l'hospice civil de Dunkerque. — Dirigé par les *Filles de l'Enfant-Jésus,* sous la surveillance de la commission des Hospices. — Reçoit gratuitement des orphelines de la ville. — 30 places.

Orphelinat de Soex. — Fondé en 1872. — *Autorisé.* — Dirigé par les *Sœurs de Saint-Vincent de Paul.* — Reçoit à 5 ans des filles orphelines et les garde jusqu'à 21 ans, les plus indigentes gratuitement, les autres moyennant une pension modique. Les place comme servantes. — 36 places.

Orphelinat de Gravelines. — Dirigé par les *Sœurs de l'Enfant-Jésus.* — Reçoit des filles moyennant une pension variable.

Orphelinat de l'hospice de Bourbourg. — Dirigé par les *Sœurs de l'Enfant-Jésus,* sous la surveillance de la commission des Hospices. — Reçoit gratuitement les orphelines de la ville. — 10 places.

Orphelinat de Watten. — Fondé en 1880. — Dirigé par les *Sœurs de la Providence de Sainte-Anne* (de Saumur). — Reçoit des filles, à partir de 10 ans, moyennant une pension variable.

Orphelinat Warein, à Hazebrouck. — Dirigée par les *Sœurs de Saint-Vincent de Paul,* sous la surveillance d'une commission municipale. — Reçoit des filles de la ville, depuis l'âge de 6 ans. — 40 places.

Orphelinat de l'hospice de Bailleul. — Dirigé par les *Sœurs de l'Enfant-Jésus;* sous la surveillance de la commission des Hospices. — Reçoit des orphelines de la ville et les garde jusqu'à 18 ans. — 30 places.

Orphelinat de Cassel. — Dirigé par les *Sœurs de l'Enfant-Jésus,* sous la surveillance de la commission des Hospices. — Reçoit gratuitement de 3 à 12 ans des filles orphelines ou de familles indigentes de la ville et les garde jusqu'à 20 ans. Leur apprend la couture et la fabrication de la dentelle. Les place comme ouvrières ou servantes. — 40 places.

Orphelinat d'Estaires. — Dirigé par les *Sœurs de Saint-Vincent de Paul.* — Reçoit des filles depuis l'âge de 3 ans et les garde jusqu'à 21 ans, moyennant une pension de 250 francs par an. — 20 places.

Orphelinat d'Hondschoote. — Dirigé par les *Sœurs de l'Enfant-Jésus.* — Reçoit des filles moyennant une pension variable.

Orphelinat de Saint-Jans Cappel. — Fondé en 1870. — Dirigé par les *Sœurs de Saint-Vincent de Paul.* — Reçoit, depuis l'âge de 3 ans, des filles orphelines et les garde jusqu'à 18 ou 21 ans, celles de la commune gratuitement, les autres moyennant une pension de 200 francs par an, plus 50 francs d'entrée et un trousseau. Leur apprend la couture, la lingerie et les soins du ménage. — 40 places.

Orphelinat de l'hospice de Merville. — Dirigé par les *Sœurs de l'Enfant-Jésus.* — Reçoit des filles moyennant une pension variable. — 40 places.

Orphelinat Saint-Victor, à Merville. — Fondé par Mlle Deroide. En formation. — Aura 40 places.

Orphelinat de Steenworde. — Dirigé par les *Sœurs de l'Enfant-Jésus.* —

Reçoit des filles depuis l'âge de 6 ans, moyennant une pension variable. — 30 places.

Orphelinat de l'hospice général de Valenciennes. — Dirigé par les *Sœurs de Saint-Vincent de Paul,* sous la surveillance de la commission des Hospices. — Reçoit gratuitement des orphelines de la ville. — 25 places.

Orphelinat de Valenciennes (7, rue Salle-le-Comte). — Fondé en 1844 par l'*Œuvre des jeunes économes.* — *Autorisé.* — Dirigé par les *Sœurs de Saint-Vincent de Paul.* — Reçoit, sans âge fixé pour l'entrée, des filles orphelines ou semi-orphelines et les garde jusqu'à 18 ans, les plus indigentes gratuitement, les autres moyennant une pension variant de 180 à 300 francs. Leur apprend la couture et les soins du ménage.

Orphelinat des Bleus, à Valenciennes. — Fondé en 1525. — Administré par la commission des Hospices. — Reçoit à 7 ans des filles nées dans la ville, moyennant la somme, une fois donnée, de 1,500 francs, plus un trousseau. — 12 places.

Orphelinat des Sœurs de Saint-Joseph de Nazareth, à Valenciennes (10, rue de Glatignies). — Fondé en 1845. — *Autorisé.* — Reçoit des filles orphelines ou semi-orphelines et les garde jusqu'à 17 ans, moyennant une pension variant de 180 à 300 francs par an. — 18 places.

Orphelinat de Denain. — Fondé en 1853 par la Compagnie des Forges et Hauts Fourneaux. — *Autorisé.* — Dirigé par les *Sœurs de Saint-Vincent de Paul.* — Réservé aux filles des ouvriers de la Compagnie, qui y sont reçues gratuitement.

Orphelinat d'Aubry. — Fondé par Mme Watternau. — Dirigé par les *Sœurs de Saint-Vincent de Paul.* — Reçoit gratuitement des filles, sur la désignation de la fondatrice, sans âge fixé pour l'entrée, et les garde jusqu'à 21 ans. Les place et continue à les patronner. — 14 places.

Orphelinat de Saint-Amand. — Dirigé par les *Sœurs de Saint-Vincent de Paul.* — Reçoit des filles, moyennant une pension variable. — 50 places.

Orphelinat de Crèvecœur. — Dirigé par les *Religieuses Augustines* (de Cambrai). — Reçoit des filles moyennant une pension variable.

OUVROIRS

Ouvroirs à Lille (381, rue Gantois, — boulevard de la Moselle, — 22, rue Saint-Gabriel, — 110, rue Saint-Sauveur, et 7, rue Saint-Genois). — Dirigés par les *Sœurs de Saint-Vincent de Paul.*

Ouvroirs d'Armentières (deux).

Ouvroirs de Loos (deux, l'un dirigé par les *Sœurs du Bon-Pasteur,* l'autre par les *Sœurs de Saint-Vincent de Paul*).

Ouvroir de Tourcoing. — Dirigé par les *Sœurs de Saint-Vincent de Paul.*

Ouvroirs d'Anzin (deux).

Ouvroirs de Cambrai (deux, l'un administré par le Bureau de bienfaisance, rue Vanderbuch; l'autre rue Saint-Julien).

Ouvroir de Douai (1, rue de Canteleu). — Dirigé par les *Sœurs de la Providence.*

Ouvroir de Bergues. — Fondé en 1852. — Dirigé par les *Sœurs de Saint-Vincent de Paul.*

Ouvroir de Malo-les-Bains. — Fondé en 1895. — Dirigé par les *Filles de la Sagesse.*

Ouvroir de Merville.

Ouvroir d'Hazebrouck. — Dirigé par les *Sœurs de Saint-Vincent de Paul.*

Ouvroirs de Bailleul (deux), l'un à l'École dominicale, dirigé par les *Filles de l'Enfant-Jésus;* l'autre à l'Œuvre Jeanne d'Arc, dirigé par les *Sœurs de Saint-Vincent de Paul.*

Ouvroir de Steenwerck. — Dirigé par les *Filles de l'Enfant-Jésus.*

Ouvroir externe de Warem. — Dirigé par les *Sœurs de Saint-Vincent de Paul.*

Ouvroirs Saint-Joseph, à Estaires.

Ouvroirs à Haubourdin, — Quesnoy-sur-Deule, — Seclin, — Aubry, — Sin-le-Noble, — Maretz.

Ouvroir de Denain.

Ouvroir de Saint-Amand.

Ouvroirs du Quesnoy (deux), dont l'un, annexé à l'hospice, est dirigé par les *Sœurs de l'Enfant-Jésus.*

Ouvroirs de Valenciennes. — Dirigés par les *Sœurs de Saint-Vincent de Paul;* l'un, très important, rue Salle-le-Comte; le second, faubourg Notre-Dame.

Ouvroirs à Vicoigne, — Saint-Waast-le-Haut, — La Sentinelle, — Preseau (dirigé par les *Sœurs de Saint-Erme*), **— Blanc-Misseron.**

APPRENTISSAGE

Cours professionnels de Lille : Cours municipal de chauffeurs, fondé en 1858; — Cours municipal d'arboriculture, fondé en 1868; — Cours municipal de filature et de tissage, fondé en 1871; — Cours de coupe et d'assemblage, annexés aux écoles des filles de la rue Solférino et de la rue de Rivoli.

Cours professionnels de Cousolre : Cours de géométrie; — de dessin d'ornement; — de modelage.

Cours professionnels de Douai : Cours d'apprentissage pour les ouvriers du bois et du fer; — Cours de modelage et de sculpture pour élèves des deux sexes.

Cours professionnels de Dunkerque. — Fondés en 1845. — Apprentissage des travaux d'aiguille.

Cours professionnels de Fourmies. — Fondés en 1886, sous le nom d'*École de peignage, filature et tissage.*

Cours professionnels de Roubaix : Cours de coupe et d'assemblage, annexés à 6 écoles de jeunes filles de la ville; — Cours de construction mécanique et cours de menuiserie annexés à l'École municipale Turgot.

Cours professionnels de Valenciennes : Cours de dessin et de peinture sur faïence pour les jeunes filles; — Cours de menuiserie et de serrurerie pour les garçons; — Cours de lithographie pour jeunes gens des deux sexes, etc.

École de commerce, à Lille. — Dirigée par les *Frères de la Doctrine chrétienne.*

École nationale professionnelle d'Armentières. — Fondée en 1887. — A pour but de former des ouvriers et des contremaîtres pour les industries du bois et du fer. — Reçoit des internes moyennant une pension annuelle de 300 fr., et des externes moyennant une pension de 150 francs (12 bourses entretenues par l'État).

École des maîtres mineurs, à Douai. — Reçoit pour une année, après concours, des ouvriers envoyés par des compagnies houillères du Nord et du Pas-de-Calais, qui les destinent à devenir contremaîtres. Leur pension est payée par ces compagnies ou par le département.

Institut des Frères de la Doctrine chrétienne, à Douai. — A établi pour les jeunes gens, de 13 ans au moins, faisant partie de son patronage, des cours de dessin linéaire et d'ornement qu'ils peuvent suivre moyennant une rétribution de 1 franc par mois, et installe à leur intention de vastes ateliers pour le travail du fer et du bois.

École supérieure et professionnelle de Fourmies. — A remplacé, en 1887, l'ancienne « École primaire supérieure de garçons », a un atelier, et des cours de dessin industriel et artistique.

École nationale des arts décoratifs, à Roubaix. — Ancienne école municipale, nationalisée en 1882. Divisée en trois sections : dessin, — tissage, — teinture. A une bibliothèque, un musée et une collection d'échantillons très complète.

Atelier d'apprentissage, à Roubaix. — Fondé en 1887 par Mme de
colaï. — Dirigé par les *Sœurs de la Sainte-Famille* (de la Délivrande). — Reçoit
s filles, entre 13 et 15 ans. Leur apprend la couture et la confection.

Écoles ménagères, à Roubaix. — Au nombre de deux : la première,
ndée en 1896 par Mme Henry Ternynck, la seconde, en 1897, par Mme Eugène
athon. — Dirigées par les *Sœurs de la Sagesse.* — Apprennent gratuitement aux
unes filles la couture, la coupe et les soins du ménage.

École industrielle de Tourcoing. — Enseigne le dessin, le tissage, la
mptabilité et la législation ouvrière, moyennant une pension de 300 francs
r an.

École ménagère de Tourcoing (rue du Printemps). — Fondée, en 1898,
ar Mlle Allard. — Dirigée par les *Sœurs de Saint-Vincent de Paul.* — Apprend la
uture et les travaux du ménage.

École des hautes études agricoles, à Genech (par Templeuve). — Reçoit
s garçons à 13 ans, et les garde jusqu'à 18 ans, moyennant une pension de
00 francs par an.

ŒUVRES DE RÉHABILITATION

**Société de patronage de libérés et des enfants moralement aban-
onnés du département du Nord, à Lille** (106, rue de l'Hôpital militaire).
- Fondée en 1895. — Patronne les enfants moralement abandonnés, des deux
exes, sans distinction de culte ni de nationalité. A ouvert en 1898 un *Asile tem-
oraire* pour jeunes filles, desservi par les *Sœurs de la Sagesse.*

Solitude de Saint-Joseph, à Lille (22, allée des Bois-Blancs). — Fondée
n 1837 et dirigée par les *Sœurs de l'Enfant-Jésus.* — Reçoit gratuitement, à partir
e 13 ans, des filles condamnées pour vol et libérées. — 82 places.

Refuge du Bon-Pasteur, à Lille (rue de la Préfecture). — Fondé en 1822.
- Dirigé par les *Sœurs de Notre-Dame de la Charité du Bon-Pasteur.* — Reçoit, à
artir de 9 ans, moyennant une pension de 225 francs par an, des filles insoumises
u vicieuses. Leur apprend la couture et les soins du ménage. — 400 places.

Succursale à Marcq en Barœul. (Voir, plus loin, *Œuvres de réhabilitation,
dultes.*)

Refuge du Bon-Pasteur, à Loos. — Fondé en 1845. — Dirigé par les
œurs de Notre-Dame de la Charité du Bon-Pasteur. — Reçoit depuis l'âge de 15 ans
es jeunes filles insoumises ou exposées, moyennant la somme une fois donnée
e 500 francs.

Refuge du Bon-Pasteur, à Cambrai. — Fondée en 1880. — Même con-
régation, même objet.

Société de patronage des jeunes libérés. (Voir ci-dessus.) — Sous-
omité à Dunkerque.

PATRONAGES DE GARÇONS

Patronage de garçons, à Lille (19, rue de Saint-Omer). — Dirigé par les *Frères de Saint-Vincent de Paul.* — 150 inscrits.

Patronage de garçons, à Lille (216, rue Gambetta). — Dirigé par un ecclésiastique. — 700 inscrits.

Patronage de garçons, à Lille (72, rue de Thumesnil). — 234 inscrits.

Patronage des jeunes Flamands, à Lille (rue Mazagran). — 200 inscrits.

Patronage de garçons, à Lille. — Dirigé par les *Frères de la Doctrine chrétienne.* — 98 inscrits.

Réunion dominicale, à Lille (117, rue des Postes).

Patronages de garçons, à Lille (28, rue Saint-Gabriel, — 35, rue de Fives, — 1 *bis*, rue de la Préfecture, — 23, rue Saint-Sauveur, — 13, rue de Fleurus, — 33, rue de Canteleu, — 58, rue de l'Hôpital militaire, — 29, rue des Pénitentes, — 8, rue de la Baignerie).

Œuvre de la jeunesse, à Lille (39, rue de la Monnaie). — Dirigée par les *Frères de la Doctrine chrétienne.*

Patronage de la Madeleine-lez-Lille. — 150 inscrits.

Patronage Saint-Louis, à Loos. — 210 inscrits.

Patronage Saint-Louis de Gonzague, à Roubaix.

Patronage Saint-Joseph, à Roubaix.

Patronages de jeunes gens, à Willems, — Lannoy, — Croix, — Marcq en Barœul et Wattrelos.

Patronages de Tourcoing. — Un dans chacune des six paroisses de la ville.

Patronages de garçons, à Armentières (deux par paroisse : un pour les enfants, un pour les adolescents).

Patronage de jeunes gens, à Avesnes. — Dirigé par le clergé paroissial.

Patronage du R. P. Tréca, à Douai. — Divisé en trois sections.

Patronage de la paroisse Notre-Dame, à Douai. — Dirigé par les *Frères de la Doctrine chrétienne.*

Patronage de la paroisse Saint-Jacques, à Douai. — En formation.

Patronage de jeunes ouvriers, à l'Abbaye des Prés. — Dirigé par les *Frères de la Doctrine chrétienne.*

Patronage Saint-Michel, à Dunkerque. — Fondé en 1892.

Patronage Saint-Jean-Baptiste, à Dunkerque. — Fondé en 1883.

Patronage du Sacré-Cœur, à Dunkerque. — En a remplacé un autre fondé, en 1876, par M. l'abbé Choquet.

Caisse de patronages de l'hospice de Dunkerque. — Fondée en 1856. — Accorde aux jeunes gens élevés dans cet établissement et qui s'y sont toujours bien conduits une première prime de 50 francs à 21 ans, une seconde semblable à 25 ans et une prime de mariage de 100 francs.

Patronage Saint-Joseph, à Bourbourg. — Fondé en 1891, agrandi en 1895.

Patronage Saint-Joseph, à Gravelines. — Fondé en 1872, agrandi en 1890.

Patronage de la paroisse Saint-Éloi, à Hazebrouck. — Dirigé par les *Frères des Écoles chrétiennes.*

Patronage de la paroisse Notre-Dame de Lourdes, à Hazebrouck. — Même direction.

Patronage Saint-Louis, à Bailleul. — A la maison des *Frères de la Doctrine chrétienne.*

Patronage de Cassel. — Fondé et patronné par la *Société de Saint-Vincent de Paul.*

Patronage Saint-Joseph (ou *des jeunes apprentis*), **à Valenciennes** (impasse de l'Hôtel-Dieu).

Patronage de jeunes gens, à Valenciennes (place Saint-Jean).

PATRONAGES DE FILLES

Patronage de Don Bosco, à Lille. — Dirigé par les *Sœurs de Marie Auxiliatrice* (de Dom Bosco).

Patronages des filles flamandes, à Lille (122, rue d'Arras).

Patronages de filles, à Lille (38, rue Gantois, — 89, rue de Flandre, — 22, rue d'Eylau, — 117, rue des Postes, — 2, rue Corbet, — passage Fontaine-Delsaux, — 9 et 11, rue Saint-Gabriel, — 22, rue Saint-Gabriel, — 101, rue Saint-

Gabriel, — cour des Pauvres Claires, — 3, rue Saint-Génois, — 42, rue Guillaume Wernier, — 15 *bis*, rue Marais, — 73, rue Sainte-Catherine, — 78, rue de l'Hôpital militaire, — 114, rue Saint-Sauveur, — 9, place aux Bleuets, — 16, rue du Pont-Neuf, — 2, rue Saint-Bernard, — 9, rue des Pyramides, — 99, rue des Stations, — 32, rue du Metz, — rue Decarnin, — 8, rue des Augustins).

Patronage des Dames de Saint-Maurice des Champs, à Lille. — Donne des leçons de couture le dimanche.

Écoles dominicales, à Roubaix. — Dans chacune des huit paroisses de la ville.

Patronages de Tourcoing. — Un dans chacune des six paroisses de la ville.

Ouvroir-garderie et patronage de jeunes filles, à Baizieux. — Dirigé par les *Sœurs de la Providence* (de Portieux).

Patronages de jeunes filles, à Willems, — Lannoy, — Croix, — Marcq en Barœul et **Wattrelos.**

Patronage de Pérenchies. — Pour les jeunes ouvrières de la Compagnie Linière.

Patronages de filles, à Armentières. — Un par paroisse.

Patronage de Gravelines. — Dirigé par les *Sœurs Ursulines.*

Patronage de la paroisse Saint-Éloy, à Hazebrouck. — Dirigé par les *Sœurs de Saint-Vincent de Paul.*

Patronage de la paroisse de Notre-Dame de Lourdes, à Hazebrouck. — Même direction.

Patronage des Dames de Saint-Maur, à Bailleul.

Patronage de l'école dominicale, à Bailleul. — Dirigé par les *Sœurs de l'Enfant-Jésus.*

Patronage Jeanne d'Arc, à Bailleul. — Dirigé par les *Sœurs de Saint-Vincent de Paul.*

Patronage des jeunes ouvrières, à Valenciennes. — Fondé en 1857 par Mlle Thellier de Poncheville.

Patronage de jeunes filles, à Valenciennes (faubourg Notre-Dame). — Dirigé par les *Sœurs de Saint-Vincent de Paul.*

Patronage d'Artres. — Dirigé par les *Filles de la Sagesse.*

Patronage de Raismes. — Dirigé par les *Sœurs de la Sainte-Famille.*

Patronage de Saint-Saulve. — Dirigé par les *Sœurs de Saint-Vincent de Paul.*

Patronage de Sebourg. — Dirigé par les *Filles de la Sagesse.*

II

AGE ADULTE

INSTITUTIONS DE PRÉVOYANCE

ÉPARGNE

Caisse d'épargne de Lille, *autorisée* en 1834.

Succursales à : *Haubourdin* (1861), — *Pont-à-Marcq* (1861), — *Seclin* (1862), — *Quesnoy-sur-Deule* (1863), — *Marcq en Barœul* (1868), — *Cysoing* (1870), — *Templeuve* (1875), — *Lomme* (1881) ; — *Lincelles* (1893).

Caisse d'épargne d'Armentières, *autorisée* en 1851.
— — **d'Avesnes,** *autorisée* en 1843.

Succursales à : *Trélon* (1862), — *Fourmies* (1862), — *Berlaimont* (1866), — *Sains* (1880), — *Wignehies* (1888), — *Glageon* (1891).

Caisse d'épargne de Bailleul, *autorisée* en 1852.

Succursale à *Steenwerck* (1869).

Caisse d'épargne de la Bassée, *autorisée* en 1855.
— — **de Bergues,** *autorisée* en 1853.
— — **de Bourbourg,** *autorisée* en 1856.
— — **de Cambrai,** *autorisée* en 1834.

Succursale à *Masnières* (1866).

Caisse d'épargne de Cassel, *autorisée* en 1858.
— — **du Cateau,** *autorisée* en 1862.
— — **de Clary,** *autorisée* en 1863.
— — **de Comines,** *autorisée* en 1859.
— — **de Douai,** *autorisée* en 1833.

Succursales à : *Aniche* (1855), — *Orchies* (1859), — *Marchiennes* (1862), — *Somain* (1869), — *Flines-les-Râches* (1869), — *Arleux* (1880).

Caisse d'épargne de Dunkerque, *autorisée* en 1833.

Succursales à : *Wormbhoudt* (1862), — *Esquelbecq* (1865), — *Hondschoote* (1869).

Caisse d'épargne d'Estaires, *autorisée* en 1854.
— — **d'Etrœungct,** *autorisée* en 1867.
— — **de Gravelines,** *autorisée* en 1861.
— — **d'Hazebrouck,** *autorisée* en 1850.
— — **d'Iwuy,** *autorisée* en 1863.
— — **de Landrecies,** *autorisée* en 1861.

Succursale à *Maroilles* (1861).

Caisse d'épargne de Maubeuge, *autorisée* en 1842.

Succursales à : *Bavay* (1867), — *Hautmont* (1877).

Caisse d'épargne de Merville, *autorisée* en 1854.
— — **Roubaix,** *autorisée* en 1842.

Succursales à : *Lannoy* (1870), — *Croix* (1884), — *Wattrelos* (1889).

Caisse d'épargne de Solesmes, *autorisée* en 1854.
— — **de Steenwoorde,** *autorisée* en 1860.

Succursale à *Boeschèpe* (1869).

Caisse d'épargne de Tourcoing, *autorisée* en 1843.

Succursales à : *Halluin* (1868), — *Linselles* (1869), — *Roncq* (1869), — *Bondues* (1869), — *Bousbecque* (1880), — *Neuville en Ferrain* (1888), — *Mouvaux* (1888),

Caisse d'épargne de Valenciennes, *autorisée* en 1834.

Succursales à : *Condé* (1835), — *Saint-Amand* (1835), — *Denain* (1860), — *Bouchain* (1862).

Au 1er janvier 1894, ces diverses caisses comptaient ensemble 251,446 livrets. Les versements qui y avaient été effectués en 1893 s'élevaient à 30,803,016 fr.

Au 1er janvier 1893, il existait dans le département du Nord 582 *caisses d'épargne scolaires* qui comptaient 19,755 livrets représentant la somme de 742,662 francs de dépôts.

14,128 dépôts, montant ensemble à 2,750,445 francs, ont été faits, en outre, en 1893, à la *Caisse nationale d'épargne*, par des habitants du Nord.

La Fourmi. — Société en participation d'épargne, fondée en 1879, à Paris, ayant obtenu une *Médaille d'or* à l'Exposition universelle de 1889. — Agences à : **Lille** (deux), — **Cambrai**, — **Dunkerque**, — **Tourcoing**, — **Valenciennes**, — **Wignehies**, — **Saint-Amand**, — **Roubaix** (deux), — **Orchies**.

Sociétés amicales de vingt. — Sous ce nom existent à Lille et dans tout le département du Nord de très nombreuses associations en participation d'épargne, composées de 20 membres achetant en commun des valeurs à lots, dont ils partagent le produit.

Caisses d'épargne des cercles catholiques d'ouvriers, à Lille. —

Au nombre de sept : 52, rue Masséna, — 49 *ter*, rue de Tournai, — au patronage Saint-Léonard, — au Cercle de la rue Mazagran, — à l'École Saint-Louis, — au Cercle de la rue de Thionville, et 75, rue de Fontenoy.

SECOURS MUTUEL

294 sociétés de secours mutuels *approuvées* dans le département (au 1er janvier 1893), comptant ensemble 10,100 membres honoraires, 55,519 membres participants, et possédant un avoir total de 4,600,939 francs.

160 sociétés *autorisées*, comptant 820 membres honoraires, 11,283 membres participants et possédant un avoir de 138,042 francs.

Ont obtenu une *Médaille d'argent* à l'Exposition universelle de 1889 :

La Fraternelle, à Lille, *approuvée* en 1887.

La Société de secours mutuels de Saint-Roch, à Lille, *approuvée* en 1854.

La Prévoyance de Wazemmes et d'Esquermes, *approuvée* en 1853.

La Société de secours mutuels typographique lilloise, *approuvée* en 1861.

Une *Médaille d'or* à l'Exposition de Bordeaux 1895, la précédente Société, et une *Médaille d'argent :*

La Société des voyageurs et employés de commerce du Nord.

Comité régional des présidents de sociétés de secours mutuels et de prévoyance du Nord, à Lille. — Fondé en 1896.

RETRAITE

Sur les 294 sociétés de secours mutuels *approuvées* du département, 179, au 1er janvier 1893, avaient des fonds de retraites dont l'ensemble s'élevait à 3,675,518 francs.

Elles servaient 1,424 pensions, montant ensemble à 93,647 francs.

Au 1er janvier 1894, 5,169 habitants du Nord étaient inscrits à la *Caisse nationale des retraites pour la vieillesse*, pour une rente totale de 549,239 francs, soit une moyenne de 106 francs.

SOCIÉTÉS COOPÉRATIVES DE CONSOMMATION

57 sociétés dans le département :

Anzin. — Société des mineurs.

Avesnes-lez-Aubert. — La Prévoyante.

Armentières. — L'Armentiéroise.

Croix. — Prévoyante des rentreurs.

Denain. — L'Union ouvrière.

Douai. — Corporation de l'Abbaye des Prés.

Escarpelle. — Société coopérative.

Fives-Lille. — Économat.

Flers. (Le Breucq). — Epicerie, Union coopérative.

Fourmies. — Société coopérative.

Gonnelieu. — Boulangerie.

Gouzeaucourt. — Boulangerie coopérative économique.

Haumont. — La Formica. — La Hautmontoise. — L'Abeille, boulangerie coopérative. — Association ouvrière.

Lannoy. — Boulangerie, la Maison du Peuple.

Leers. — Coopérative d'épicerie.

Lille. — Boulangerie. — Boulangerie de Moulin-sur-Lille. — Société coopérative moulinoise (charbon). — Société coopérative de charbon pour Saint-Maurice et Saint-Sauveur. — L'Union. — L'Union fraternelle des patrons et ouvriers chrétiens.

Loos. — Consommation du personnel des établissements Thiriez père et fils, la Prévoyante.

Marcoing. — Boulangerie.

Mouveaux. — L'Espérance, épicerie.

Roubaix. — Boulangerie. — Coopérative pour l'épicerie. — L'Avenir du parti ouvrier. — Brasserie. — Boulangerie la Paix. — Boulangerie la Roubaisienne. — Boulangerie l'Union. — L'Économie (boulangerie). — La Prévoyante (boulangerie). — La Prévoyante des rentreurs. — La Roubaisienne (charbons). — Coopérative pour le charbon. — Société pour le charbon la Paix. — Société de consommation (boulangerie).

Saint-Waast. — L'Union ouvrière.

Solesmes. — Meunerie et boulangerie coopératives.

Somain. — Société coopérative.

Tourcoing. — L'Économie des ménages. — La Mutualité. — Boulangerie coopérative.

Trith-Saint-Léger. — Consommation des ouvriers des forges.

Villers-Guislain. — Boulangerie.

Villers-Outréaux. — Boulangerie.

Walincourt. — Société coopérative.

Wasquehal — Boulangerie l'Espérance. — L'Alliance (épicerie). — La Fraternelle (charbons). — Boulangerie. — Travailleurs réunis. — L'Union ouvrière de consommation.

Ont obtenu, à l'Exposition universelle de 1889, une *Médaille d'or :*

La **Société coopérative des mineurs d'Anzin** (fondée en 1865).

Une *Médaille d'argent :*

La **Société coopérative de Roubaix** (fondée en 1865).

Ont obtenu, à l'exposition d'Économie sociale de Lyon (1894), une *Médaille d'or :*

La **Société de consommation des ouvriers de Trith-Saint-Léger.**
La **Société coopérative des mineurs d'Anzin.**

Une *Médaille d'argent :*

L'Économat de Fives-Lille.

HABITATIONS ÉCONOMIQUES

Compagnie immobilière pour la construction de maisons d'ouvriers, à Lille (22, rue Colbert). — Fondée en 1865, sur l'initiative de M. Henri Violette. Vend des maisons dont le prix, variant de 2,700 à 8,700 francs, se paye par annuités; on les loue moyennant un loyer variant de 208 à 240 francs. En a construit 344.

Société Lilloise des habitations à bon marché, à Lille (106, rue de l'Hôpital militaire). — Fondée en 1896. — A pour but de « louer ou de vendre à des personnes n'étant propriétaires d'aucune maison, notamment à des ouvriers ou employés, des maisons salubres, à bon marché, construites ou acquises à Lille et dans son rayon ».

La Cité philanthropique, à Lille. — Groupe de maisons construites en 1860 (sous le nom de *Cité Napoléon*), par le Bureau de bienfaisance, et comprenant 296 chambres, dont la jouissance est accordée à titre de secours, moyennant un loyer réduit (de 3 fr. 50 à 5 francs par mois.)

La cité Saint-Maurice, à Lille. — Fondée en 1854 par un groupe d'industriels. Groupe de maisons dont le loyer varie de 15 à 32 francs par mois, et grand bâtiment comprenant 48 chambres dont le loyer varie de 3 à 10 francs. La *Cité Saint-Maurice* compte environ 400 locataires.

La Ruche roubaisienne. — Fondée en 1895. — Achète ou fait construire des maisons, avec cour et jardin (du prix maximum de 5,700 francs), dont le locataire peut devenir propriétaire dans un délai de 20 ans.

Société anonyme roubaisiennne des habitations à bon marché. — Fondée en 1896 par M. Eugène Mathon et divers manufacturiers de Roubaix. — A construit 12 maisons divisées en deux groupes de six, dont les loyers varient de 19 à 21 francs par mois. Construit un nouveau groupe de maisons plus petites dont les loyers seront de 14 à 16 francs seulement.

Cité Saint-Henri. — Fondé en 1894 par M. Henri Dubar et les membres du *Comité ouvrier d'études sociales du syndical mixte de l'industrie roubaisienne.* A déjà construit plus de 30 maisons dont le loyer est de 12 francs par mois.

Société civile et mobilière de Tourcoing. — Fondée en 1891. — A construit 65 maisons ouvrières.

Société des habitations ouvrières, à Douai. — A fait construire 80 maisons d'ouvriers, qu'elle loue de 16 fr. 50 à 18 fr. 50 par mois.

La cité Gabrielle, à Rosendaël. — Fondée en 1892. — Groupe de huit maisons, comprenant 4 pièces, avec un petit jardin, dont le loyer est de 4 francs par semaine.

Cité Scrive, à Marcq en Barœul. — Fondée en 1854 par la famille Scrive.

Se compose de 139 maisons ouvrières dont le loyer est de 13 francs par mois.

Voir ci-après, aux *Institutions patronales*, les établissements industriels mettant des habitations économiques à la disposition de leurs ouvriers.

INSTITUTIONS PATRONALES, PARTICIPATION AUX BÉNÉFICES

Compagnie des mines d'Anzin. (*Grand Prix* à l'Exposition universelle de 1889.) — A établi, au profit de ses ouvriers, des salles d'asile, une caisse d'épargne, une société de secours mutuels, une société coopérative de consommation; leur fait donner gratuitement des soins médicaux et des médicaments; accorde, à ses anciens ouvriers remplissant certaines conditions d'âge et de service, des pensions de retraite, à ceux qui ne remplissent pas ces conditions, des secours; met à la disposition de son personnel près de 3,000 maisons, de différents types, moyennant un loyer modique (de 60 francs par an en moyenne); leur vend ces maisons, au prix de revient, au moyen de retenues mensuelles; fait des avances sans intérêts à ceux qui veulent construire eux-mêmes.

Établissement Seydoux et Cie, au Cateau. (*Médaille d'or* à l'Exposition universelle de 1889.) — A établi une crèche, une salle d'asile, des écoles, des fourneaux alimentaires, une caisse de secours mutuels. Accorde des pensions de retraite, sans retenues sur les salaires, aux ouvriers réunissant certaines conditions d'âge et de service; des secours spéciaux aux veuves et aux familles d'ouvriers; assure aux ouvriers malades des soins médicaux et des médicaments gratuits; se charge des frais de leur sépulture. A établi la participation aux bénéfices.

Société linière de Pérenchies. (*Médaille d'or* à l'Exposition universelle de 1889.) — A établi, au profit de ses ouvriers, une salle d'asile, des écoles, un orphelinat de 16 lits, une caisse d'épargne, une société de secours mutuels, un économat, un dispensaire pour malades et blessés; accorde des pensions de retraite variables, aux anciens ouvriers remplissant certaines conditions. A construit six groupes de maisons, comprenant 180 habitations, que les ouvriers peuvent acheter en les payant par annuités, ou louer moyennant un loyer variant de 3 à 10 francs par mois.

Compagnie des Forges et aciéries du Nord, à Valenciennes. (*Médaille d'argent* à l'Exposition universelle de 1889.) — A établi, au profit de ses ouvriers, une école, une société en participation d'épargne, un magasin coopératif, une caisse de secours pour les malades et blessés. A fait construire 146 habitations ouvrières à loyer modique.

Compagnie de Fives-Lille. (*Médaille d'argent* à l'Exposition universelle de 1889.) — A établi, au profit de ses ouvriers : une école, une caisse de prévoyance, une boulangerie, une cantine et un économat. Fait donner des soins aux malades et aux blessés. Alimente la caisse de prévoyance par une participation de 10 pour 100 aux bénéfices des ateliers.

Société de Vezin-Aulnoy, à Maubeuge. (*Médaille d'or* à l'Exposition universelle de 1889.) — A établi des institutions de diverse nature au profit de ses ouvriers.

Établissement Thiriez père et fils, à Lille et à Loos. — A établi, au profit de ses ouvriers, une crèche, une salle d'asile, des écoles, un orphelinat de 70 lits, une société coopérative de consommation, une caisse d'épargne; alloue des secours aux ouvriers malades et aux ouvrières en couche (permettant à celles-ci de ne reprendre leur travail que six semaines après leur accouchement); les fait soigner par une maison de Sœurs gardes-malades, spécialement affectées à ces établissements. Fait donner à tous des douches et bains gratuits. A construit 250 maisons, de divers types, dont le loyer varie de 10 à 20 francs par mois.

Établissement Alfred Dutilleul, à Armentières. — A établi : une caisse de prévoyance pour jeunes gens (permettant aux jeunes ouvriers de se constituer une petite dot, moyennant une cotisation mensuelle doublée par la maison); une société de secours (pour les périodes de chômage); une boulangerie coopérative; des sociétés pour la vente du charbon, pour la vente des épiceries, pour la vente des vêtements et chaussures; une caisse d'épargne, une caisse d'assurance contre les accidents, une caisse de retraites.

Imprimerie L. Danel, à Lille. — A établi, au profit de ses ouvriers : une école, une caisse de secours, un dispensaire.

Établissements Kuhlmann, à Loos, — la Madeleine et Saint-André. — A établi au profit de ses ouvriers une caisse de secours, une assurance contre les accidents, une caisse de retraites.

Établissement Vinchon et Cie, à Roubaix. — A établi une caisse de secours, assurant une indemnité aux ouvriers malades et femmes en couche, des soins médicaux et des médicaments gratuits, et pourvoyant aux frais de sépulture.

Caisse de secours de la Société industrielle pour la Shappe, à Roubaix. — Alimentée par une cotisation hebdomadaire variant, suivant l'âge des membres, de 0 fr. 15 à 0 fr. 25, à laquelle la Société ajoute une allocation de 0 fr. 10 par ouvrier. Assure aux sociétaires malades des soins médicaux et des médicaments gratuits; accorde aux femmes sociétaires en couche et aux familles des sociétaires décédés un secours de 25 francs.

Compagnie des mines de Douchy. — A établi la participation aux bénéfices; a fondé, au profit de ses ouvriers, une caisse de secours; alloue des pensions, sans retenue sur les salaires, aux anciens ouvriers remplissant certaines conditions d'âge et de service, etc.

ASSISTANCE PAR LE TRAVAIL

Œuvre des jardins ouvriers, à Hazebrouck. — Dépendant de la *Conférence de Saint-Vincent de Paul* de l'Institution Saint-François d'Assise.

Œuvres semblables à : **Rosendaël, — Gravelines et Valenciennes.** — Fondées sur l'initiative du docteur Lancry, de Dunkerque.

ŒUVRES DE PRÉSERVATION

Maison de famille du patronage Saint-Sauveur, à Lille (rue Saint-Sauveur). — Loge et nourrit, moyennant une pension mensuelle de 45 francs, de jeunes employés ou ouvriers éloignés de leur famille.

Maison de famille de l'orphelinat, à Lille (16, rue de la Barre). — Loge et nourrit, moyennant une pension mensuelle de 30 francs, de jeunes ouvrières éloignées de leur famille.

Maison de famille de l'orphelinat Sainte-Marie, à Lille (32, rue du Metz). — Reçoit, moyennant une pension modique, des servantes sans place.

Œuvre Saint-Joseph, à Lille (40 *bis*, rue de Thionville). — Reçoit, moyennant une pension modique, des servantes sans place.

Maison de famille Albert le Grand, à Lille (58, boulevard Vauban). — Est spécialement destinée aux élèves de l'Université catholique.

Maison de famille Saint-Louis, à Lille (60, rue du Port). — Même objet.

Maison de famille Saint-Michel, à Lille (86, boulevard Vauban). — Même objet.

Cercle Saint-Augustin, à Lille (31, rue Saint-André). — Reçoit les jeunes employés de commerce, leur offre un lieu de réunion et des distractions honnêtes.

Cercle Saint-Louis, à Lille (20, rue du Marché). — Même objet.

Réunion des demoiselles du commerce, à Lille (45, rue de Roubaix). — Même objet pour les jeunes filles.

Cercles catholiques d'ouvriers, à Lille (31, rue Saint-André, — rue Mazagran, — 52, rue Masséna, — 49 *ter*, rue de Tournai, — 41, rue de Thionville, — 120, rue d'Esquermes). — Même objet pour les ouvriers.

Œuvre des Petites Sœurs de l'ouvrier, à Roubaix. — Loge et nourrit, moyennant une pension modique, de jeunes ouvrières sans famille dans la ville.

Maison de famille, à Tourcoing (rue de la Cloche). — Fondée, en 1893, par le curé de la paroisse Saint-Christophe. — Dirigée par les *Sœurs de la Présentation de la Sainte-Vierge* (de Tours). — Reçoit de jeunes ouvrières ou employées sans famille dans la ville, moyennant une pension de 7 francs par semaine. — 30 places.

Œuvre de préservation pour les jeunes ouvrières de fabrique, à Houplines. — Dirigée par les *Sœurs servantes du Sacré-Cœur de Jésus.*

ŒUVRES DE RÉHABILITATION

REFUGES

Refuge du Bon-Pasteur, à Lille. (Voir, plus haut, *Enfance et adolescence.*) Reçoit dans une classe spéciale (*Classe Saint-Augustin*) des filles repenties.

Refuge du Bon-Pasteur, à Loos. (Voir plus haut.) — Même objet.

Refuge du Bon-Pasteur, à Cambrai. (Voir plus haut.) — Même objet.

PATRONAGE DES LIBÉRÉS

Société de patronage des libérés, à Lille. — A des correspondants ns chaque chef-lieu d'arrondissement.

Comité de patronage des détenus et des libérés, à Béthune.

Société de patronage des libérés, à Douai. — Fondée en 1880. — siste matériellement et moralement les détenus, à leur sortie de prison.

Comité de patronage des libérés, à Valenciennes. — Fondé en 1861. Même objet.

ŒUVRES DE MARIAGE

Société de Saint-François Régis, à Lille (15, rue des Urbanistes). — cilite aux indigents les formalités nécessaires à leur mariage; s'occupe de gulariser les unions et les naissances illégitimes.

Même œuvre, à **Roubaix.** — Fondée en 1843.

Même œuvre, à **Tourcoing.** — Fondée en 1873.

Même œuvre, **à Douai.**

Même œuvre, à **Dunkerque.** — Fondée en 1842.

Bureaux municipaux pour le mariage des indigents, à Roubaix. réé en 1896) et **à Tourcoing.**

SECOURS DIVERS AUX INDIGENTS

Office central lillois des institutions sociales et charitables, à ille (106, rue de l'Hôpital militaire). — Fondé et *autorisé* en 1895. — A pour t : 1° de contribuer à l'amélioration de la condition matérielle et morale des availleurs en aidant au développement des institutions ouvrières et au besoin les créant; 2° de rendre plus efficace et plus sûr l'exercice de la charité ivée :

En servant de lien entre les diverses œuvres charitables; en recueillant des renseignements sur la situation des pauvres et en communiquant ces renseignements aux adhérents de l'Office et aux personnes qui le consultent; en centralisant tous renseignements et documents sur toutes les institutions sociales et œuvres de bienfaisance de manière à aider et à guider ceux qui ont besoin de s'adresser à elles.

L'Office central est divisé en dix sections, ainsi réparties :

Institutions sociales (3 sections).
Institutions charitables (5 sections).
Statistique et renseignements (2 sections).

Depuis sa fondation jusqu'au 1er janvier 1897, l'*Office central lillois* a eu à traiter 1,615 affaires.

Bureaux de bienfaisance. — En 1892, 537 bureaux dans le département; 248,773 assistés.

Société de Saint-Vincent de Paul. — Visite et assiste les indigents, leur distribue des secours en nature.

Trente-trois conférences à **Lille** (dont 16 conférences paroissiales), la première fondée en 1838.

Deux conférences à **la Madeleine-lez-Lille,** dont la première fondée en 1849.
Conférence de **Bondues.** — Fondée en 1854.
Trois conférences à **Marcq en Barœul.** — Fondée en 1854.
Conférence de **Marquette-lez-Lille.** — Fondée en 1896.
— *de* **Canteleu.** — Fondée en 1891.
— *de* **Lambersart.** — Fondée en 1894.
Deux conférences à **Lomme,** dont la première fondée en 1893.
Conférence du **Petit-Ronchin.** — Fondée en 1896.
Dix conférences à **Armentières,** dont la première fondée en 1872.
*Conférence d'***Houplines.** — Fondée en 1889.
Deux conférences à **Bailleul,** dont la première fondée en 1853.
Conférence de **Merris.** — Fondée en 1858.
— *de* **Meteren.** — Fondée en 1856.
— *de* **Saint-Jans-Cappel.** — Fondée en 1874.
— *de* **Steenwerck.** — Fondée en 1879.
— *de* **Vieux-Berquin.** — Fondée en 1877.
— *de* **Bergues.** — Fondée en 1887.
— *de* **Warhem.** — Fondée en 1889.
— *de* **Wormhoudt.** — Fondée en 1890.
— *de* **Bourbourg.** — Fondée en 1851.
— *de* **Gravelines.** — Fondée en 1874.
— *de* **Saint-Pierre-Brouck.** — Fondée en 1894.
— *de* **Watten.** — Fondée en 1889.
Quatre conférences à **Cambrai,** dont la première fondée en 1849.
Conférence de **Caudry.** — Fondée en 1896.
— *du* **Cateau.** — Fondée en 1889.
— *de* **Cassel.** — Fondée en 1858.
— *d'***Oxelaere.** — Fondée en 1889.
— *de* **Steenwoorde.** — Fondée en 1859.
— *de* **Terdeghem.** — Fondée en 1856.

Cinq conférences à **Douai**, dont la première fondée en 1846.
Deux conférences à **Aniche**, dont la première fondée en 1873.
*Conférence d'***Auberchicourt**. — Fondée en 1896.
— *de* **Dorignies**. — Fondée en 1896.
— *de* **Flines-les-Raches**. — Fondée en 1858.
Six conférences à **Dunkerque**, dont la première fondée en 1856.
Conférence de **Coudekerque-Branche**. — Fondée en 1892.
— *de* **Malo-les-Bains**. — Fondée en 1897.
— *de* **Rosendaël**. — Fondée en 1889.
— *de* **Saint-Pol-lez-Dunkerque**. — Fondée en 1889.
Cinq conférences à **Fives**, dont la première fondée en 1853.
Conférence de **Saint-Maurice des Champs**. — Fondée en 1876.
— *d'***Halluin**. — Fondée en 1884.
— *de* **Linselles**. — Fondée en 1889.
— *de* **Roncq**. — Fondée en 1892.
— *d'***Haubourdin**. — Fondée en 1850.
Deux conférences à **Loos**, dont la première fondée en 1893.
— — *à* **Hazebrouck**, dont la première fondée en 1856.
Conférence de **Morbecque**. — Fondée en 1892.
Deux conférences à **Maubeuge**, dont la première fondée en 1877.
— — *à* **Bavay**, dont la première fondée en 1858.
*Conférence d'***Hautmont**. — Fondée en 1889.
— *de* **Solre-le-Château**. — Fondée en 1891.
Deux conférences à **Fourmies**, dont la première fondée en 1893.
— — *à* **Merville**, dont la première fondée en 1874.
— — *à* **Estaires**, dont la première fondée en 1854.
Conférence du **Quesnoy**. — Fondée en 1855.
Deux conférences à **Comines**, dont la première fondée en 1856.
Treize conférences à **Roubaix**, dont la première fondée en 1842.
Conférence de **Wattrelos**. — Fondée en 1856.
Quatre conférences à **Croix**, dont la première fondée en 1880.
Conférence de **Lannoy**. — Fondée en 1891.
— *de* **Leers**. — Fondée en 1855.
Deux conférences à **Saint-Amand-les-Eaux**. — Fondées en 1853.
Conférence de **Brillon**. — Fondée en 1891.
— *d'***Hasnon**. — Fondée en 1876.
— *de* **Lecelles**. — Fondée en 1890.
— *de* **Rosult**. — Fondée en 1885.
— *de* **Rumegies**. — Fondée en 1854.
Dix conférences à **Tourcoing**, dont la première fondée en 1841.
Conférence de **Mouvaux**. — Fondée en 1892.
Cinq conférences à **Valenciennes**. — Fondées en 1891.
*Conférence d'***Anzin**. — Fondée en 1893.
— *de* **Fresnes-sur-Escaut**. — Fondée en 1893.
— *d'***Onaing**. — Fondée en 1897.
— *de* **Raismes**. — Fondée en 1895.
— *de* **Saint-Saulve**. — Fondée en 1888.

Œuvres dépendant de *la Société de Saint-Vincent de Paul* :

1° **Secrétariat des pauvres**. — Établi dans quatre paroisses et au *Dispensaire Saint-Raphaël*. — Ouvert le dimanche, de 11 heures à midi. Fait la correspondance des pauvres, leur donne gratuitement des consultations juridiques et tous les conseils et renseignements dont ils peuvent avoir besoin.

2° **Caisses de loyers.** — Établies dans la plupart des conférences.

3° **Funérailles des pauvres.** — *Id.*

4° **Œuvre du prêt des lits.** — *Id.*

Société des Dames de Saint-Vincent de Paul, à Lille (douze conférences), — **la Madeleine,** — **Roubaix** (cinq conférences), — **Avesnes, etc.** — Même objet que la Société des messieurs.

Maisons de Miséricorde, à Lille (16, rue de la Barre), — **Lille-Moulins,** — **Lille-Vazemmes,** — **Loos,** — **Fives-Lille,** — **Abscon,** — **Aniche,** — **Aubry,** — **Auberchicourt,** — **Bailleul,** — **Briastre,** — **Cambrai,** — **Denain,** — **Dorigny,** — **Douai** (deux : rue du Clocher-Saint-Pierre et rue de Forêt), — **Esquerchin,** — **Estaires,** — **le Quesnoy,** — **Maretz,** — **la Renaissance,** — **Roubaix,** — **la Sentinelle,** — **Sin-le-Noble,** — **Saint-Amand-les-Eaux,** — **Saint-Jans-Cappel,** — **Saint-Waast-le-Haut,** — **Valenciennes** (deux : rue de la Salle-le-Comte et faubourg de Paris), — **Vieux-Berquin.**

Œuvre des loyers, à Lille. — Fondée en 1874 et dotée de 3,000 francs de rente par M. l'intendant militaire Orville. — Assiste, pour le payement de leur loyer, des personnes appartenant à la catégorie des pauvres honteux.

Asile municipal de nuit, à Lille (10, rue de la Baignerie). — Reçoit, pour une période de trois jours, qui peut être renouvelée, les indigents munis de papiers.

Caisse de secours de l'Église réformée, à Lille. — Assiste les indigents protestants.

Œuvre de bienfaisance de la communauté israélite de Lille. — Fondée en 1889. — Assiste les indigents israélites.

Secrétariat du peuple, à Roubaix (quatre bureaux). — Consultations, avis et démarches gratuits.

Office central des œuvres sociales et charitables, à Roubaix (32, rue du Vieil-Abreuvoir.) — Fondé et *autorisé* en 1897. — Même objet que l'*Office central lillois.* — A provoqué la création de cinq comités : œuvres charitables, — repos du dimanche, — licence des rues, — antialcoolisme, — enseignement et progrès social.

Depuis sa fondation jusqu'au 1er mai 1898, outre les renseignements qu'il a fournis, l'Office central de Roubaix est intervenu dans 486 affaires.

Bureau de consultations judiciaires gratuites, à Roubaix. — Fondé, en 1895, par la municipalité.

Œuvre de la bouchée de pain et du refuge de nuit, à Roubaix. —

Fondée en 1889, sur l'initiative de M. Henri Buisine. — L'œuvre n'admet que des indigents résidant depuis trois mois au moins à Roubaix et y ayant travaillé. — Au refuge, 29 lits.

Œuvre du prêt de lits, à Roubaix. — Fondée en 1897. — Dépendant de la précédente. — Délivre, après enquête, des lits et des objets de literie aux familles nécessiteuses.

Fourneaux économiques, à Roubaix. — Au nombre de quatre, ouverts pendant l'hiver. — Administrés par une commission municipale.

Syndicat mixte de l'industrie roubaisienne, à Roubaix. — Distribue des secours aux familles nombreuses et peu aisées dont les chefs font partie du syndicat.

Société des dames israélites, à Roubaix. — Dirigée par le consistoire de Lille. — Assiste les indigents israélites.

Association charitable de Dunkerque. — Fondée en 1828 sous le nom d'*Association de bienfaisance*, qu'elle a gardé jusqu'en 1839. — *Reconnue établ. d'util. publ.* en 1874. — Distribue des secours aux malades indigents.

Association des élèves du collège Notre-Dame des Dunes, à Dunkerque. — Fondée en 1854. — Visite les indigents, leur distribue des secours en nature.

Conférence des anciens élèves de ce collège. — Fondée en 1869. — Même objet.

Association des anciennes élèves des Dames de Louvencourt. — Fondée en 1866. — Même objet.

Fourneaux économiques de Dunkerque. — Œuvre fondée en 1854 par des habitants de la ville. — Entretenant, dans des quartiers différents, trois fourneaux ouverts pendant l'hiver, où sont distribuées des soupes à 0 fr. 05 le litre.

L'Œuvre a installé, en 1889, un réfectoire où, moyennant 0 fr. 25, sont servis des repas avec viande et pommes de terre.

Œuvre de la soupe, à Merville.

Fourneaux valenciennois (rue de la Halle). — Fondés en 1870 et administrés par la municipalité. — Ouverts pendant les mois les plus rigoureux de l'hiver.

Fourneaux économiques de Valenciennes (rue Salle-le-Comte). — Fondés par Mme Éd. Hamoir. — Dirigés par les *Sœurs de Saint-Vincent de Paul.* — Ouverts depuis le 1er décembre jusqu'à Pâques.

PRÊT

Mont-de-piété de Lille (deux bureaux : rue des Tours et rue Baptiste Monnoyer). — Fondé en 1618. — Supprimé, comme les suivants, en 1793, et reconstitué en 1802.

Mont-de-piété de Cambrai. — Fondé en 1625.

Mont-de-piété de Douai. — Fondé en 1628.

Mont-de-piété de Dunkerque. — Fondé en 1862 (en remplacement de celui de Bergues, qui datait de 1633).

Mont-de-piété de Roubaix. — Fondé en 1870.

Mont-de-piété de Valenciennes. — Fondé en 1622.

Œuvre du prêt gratuit (*Fondation Masurel*), **à Lille** (rue des Tours). — Constituée, en 1607, par la libéralité de Bartholomé Masurel, bourgeois de Lille, et approuvée par lettres patentes du 16 novembre 1609. Placée sous la même direction que le *Mont-de-piété.* — Fait aux habitants de la ville des prêts sans intérêts, n'excédant pas 200 francs, pour une durée de deux ans au plus.

Prêts d'Honneur. — En souvenir de M. Moy, doyen de la faculté des lettres, la municipalité de Lille consacre annuellement la somme de 2,000 francs à des prêts gratuits à des étudiants de la ville.

SECOURS AUX MALADES

HOPITAUX ET HOSPICES

Nombre des malades indigents du département hospitalisés en 1896 : 18,599.

Hôpital Saint-Sauveur, à Lille. — Fondé, en 1215, par la comtesse Jeanne de Constantinople. — Desservi par les *Sœurs Augustines.* — Reçoit gratuitement les malades indigents de la ville. — 317 lits.

Hôpital de la Charité. — Fondé en 1877. — Desservi par les *Sœurs Augustines.* — Reçoit gratuitement les malades indigents de la ville. — 370 lits.

Les hôpitaux de Lille reçoivent, en outre, les malades de 60 communes rattachées, aux frais de celles-ci.

Hôpital d'Herlies. — Desservi par les *Sœurs de la Sagesse.* — Reçoit gratuitement les malades indigents de la commune.

Hôpital de Wambrechies. — Desservi par les *Filles de l'Enfant-Jésus.* — Reçoit gratuitement les malades indigents de la commune.

Hôpital de Marquillies. — Desservi par les *Filles de l'Enfant-Jésus.* — Reçoit gratuitement les malades indigents de la commune.

Hôpital de Comines. — Desservi par les *Religieuses Augustines* (de Cambrai). — Reçoit gratuitement malades indigents de la commune.

Hôpital de Cysoing. — Reçoit gratuitement les malades indigents de la commune.

Hôpital d'Haubourdin. — Desservi par les *Sœurs de la Sagesse.* — Reçoit gratuitement les malades indigents de la commune.

Hôpital de la Bassée. — Desservi par les *Filles de l'Enfant-Jésus.* — Reçoit gratuitement les malades indigents de la commune.

Hôpital de Quesnoy-sur-Deule. — Desservi par les *Filles de l'Enfant-Jésus.* — Reçoit gratuitement les malades indigents de la commune.

Hôpital de Templeuve. — Desservi par les *Filles de l'Enfant-Jésus.* — Reçoit gratuitement les malades indigents de la commune.

Hôpital d'Armentières. — Desservi par les *Sœurs de Saint-Vincent de Paul.* — Reçoit gratuitement les malades indigents de la commune d'*Armentières* et ceux de 7 communes rattachées, aux frais de celles-ci. — 83 lits.

Hôpital de Seclin. — Desservi par les *Religieuses Augustines* (de Cambrai). — Reçoit gratuitement les malades indigents de la commune de *Seclin* et ceux de 30 communes rattachées, aux frais de celles-ci. — 50 lits.

Hôtel-Dieu de Roubaix. — Fondé, en 1865, par la municipalité, à l'aide de legs importants de MM. Ernest Dormeuil et Pierre Catteau. — Desservi par les *Filles de l'Enfant-Jésus.* — Reçoit gratuitement les malades indigents de la ville et ceux de 19 communes rattachées, aux frais de celles-ci. — 390 lits.

Hôpital de Wattrelos. — Fondé en 1866, à l'aide d'une donation de M. Pierre Catteau. — Desservi par les *Filles de l'Enfant-Jésus.* — Reçoit gratuitement les malades indigents de la commune. — 80 lits.

Hôpital de Tourcoing. — Fondé par souscription, en 1844. — Desservi par les *Sœurs de Saint-Vincent de Paul.* — Reçoit gratuitement les malades indigents de la ville et ceux de 8 communes rattachées, aux frais de celles-ci. — 132 lits.

Hôpital de Lannoy. — Desservi par les *Filles de l'Enfant-Jésus.* — Reçoit gratuitement les malades indigents de la commune.

Hôpital de Bondues. — Desservi par un personnel laïque. — Reçoit gratuitement les malades indigents de la commune. — 64 lits.

Hôpital de Bousbecque. — Desservi par les *Dames de la Sainte-Union des Sacrés-Cœurs.* — Reçoit gratuitement les malades indigents de la commune.

Hôpital de Linselles. — Desservi par les *Filles de l'Enfant-Jésus.* — Reçoit gratuitement les malades indigents de la commune.

Hôpital d'Avesnes. — Desservi par les *Sœurs de la Providence.* — Reçoit gratuitement les malades indigents de la commune d'*Avesnes*, et, aux frais de celles-ci, ceux de 52 communes rattachées. — 38 lits.

Hôpital du Quesnoy. — Desservi par les *Filles de l'Enfant-Jésus.* — Reçoit gratuitement les malades indigents de la commune du *Quesnoy* et ceux de 37 communes rattachées, aux frais de celles-ci. — 68 lits.

Hôpital de Maubeuge. — Desservi par les *Sœurs de la Providence* (d'Avesnes). — Reçoit gratuitement les malades indigents de la commune, et ceux de 61 communes rattachées, aux frais de celles-ci. — 24 lits.

Hôpital de Fourmies. — Desservi par les *Sœurs de Saint-Vincent de Paul.* — Reçoit gratuitement les malades indigents de la commune.

Hôpital de Wignehies. — Desservi par les *Sœurs de Sainte-Chrétienne.* — Reçoit gratuitement les malades indigents de la commune.

Hôpital Saint-Julien, à Cambrai. — Desservi par les *Religieuses Augustines.* — Reçoit gratuitement les malades indigents de la ville, et ceux de 113 communes rattachées, aux frais de celles-ci. — 115 lits.

Hôpital de Caudry. — Desservi par un personnel laïque. — Reçoit gratuitement les malades indigents de la commune.

Hôpital Paturle-Lupin, au Cateau. — Fondé, en 1861, par Mme Paturle-Lupin, qui y a fondé plusieurs lits (12 autres l'ont été, depuis, par Mme A. Seydoux et Mme Sieber). — Desservi par les *Sœurs de la Sagesse.* — Reçoit gratuitement les malades indigents de la commune. — 33 lits.

Hôtel-Dieu de Douai. — Desservi par les *Sœurs de Saint-Vincent de Paul.* — Reçoit gratuitement les malades indigents de la ville et ceux de 56 communes rattachées, aux frais de celles-ci. — 128 lits.

Hôpital d'Orchies. — Desservi par les *Filles de l'Enfant-Jésus.* — Reçoit gratuitement les malades indigents de la commune d'*Orchies* et ceux de 8 communes rattachées, aux frais de celles-ci. — 20 lits.

Hôpital de Dunkerque. — Desservi par les *Filles de l'Enfant-Jésus.* — Reçoit gratuitement les malades indigents de la ville et ceux de 41 communes rattachées, aux frais de celles-ci. — 156 lits.

Hôpital de Bourbourg. — Fondé au commencement de ce siècle (en remplacement de deux autres : l'*Hôpital Saint-Jean*, fondé vers 1249, et l'*Hospice de la Pauvre École*, fondé vers 1808). — Desservi par les *Filles de l'Enfant-Jésus.* — Reçoit gratuitement les malades indigents ou blessés de la commune.

Hôpital-hospice de Gravelines. — Desservi par les *Filles de l'Enfant-Jésus.* — Reçoit gratuitement les malades indigents de la commune.

Hôpital d'Herzeele. — Desservi par les *Filles de l'Enfant-Jésus.* — Reçoit ratuitement les malades indigents de la commune.

Hôpital-hospice de Bollezeele. — Fondé en 1864. — Desservi par les *Filles de l'Enfant-Jésus.* — Reçoit gratuitement les malades indigents de la commune.

Hôpital-hospice de Bergues. — Fondé en 1275. — Desservi par les *Sœurs de Saint-Vincent de Paul.* — Reçoit gratuitement les malades indigents de la commune de *Bergues* et ceux de 22 communes rattachées, aux frais de celles-ci. — 3 lits.

Hospice Saint-Hilaire, à Watten. — Fondé en 1895. — Desservi par les *Sœurs de Saint-Vincent de Paul.* — Reçoit gratuitement les malades indigents de la commune.

Hôpital-hospice d'Hondschoote. — Fondé en 1864. — Desservi par les *Filles de l'Enfant-Jésus.* — Reçoit gratuitement les malades indigents de la commune.

Hôpital-hospice d'Hazebrouck. — Desservi par les *Sœurs de Saint-Vincent de Paul.* — Reçoit gratuitement les malades indigents de la ville et ceux de 43 communes rattachées, aux frais de celles-ci.

Hôpital de la Providence, à Bailleul. — Desservi par les *Sœurs Augustines* (dites *Sœurs Noires*). — Reçoit gratuitement les malades indigents de la commune de *Bailleul* et ceux de 8 communes rattachées, aux frais de celles-ci. — 40 lits.

Maladrerie de Bailleul. — Desservie par les *Sœurs Augustines.* — Reçoit gratuitement les malades indigents de la commune.

Hospice de Cassel. — Desservi par les *Filles de l'Enfant-Jésus.* — Reçoit gratuitement les malades indigents de la commune.

Hospice libre de Godewaersvelde. — Desservi par les *Filles de l'Enfant-Jésus.* — Reçoit gratuitement les malades indigents de la commune.

Hospice de Bœschepe. — Desservi par les *Sœurs de Saint-Vincent de Paul.* — Reçoit gratuitement les malades indigents de la commune.

Hospice de Morbecque. — Desservi par les *Filles de l'Enfant-Jésus.* — Reçoit gratuitement les malades indigents de la commune. — 26 lits.

Hôpital de Steenwerck. — Desservi par les *Filles de l'Enfant-Jésus.* — Reçoit gratuitement les malades indigents de la commune.

Hospice de Renescure. — Desservi par les *Sœurs de la Providence de Sainte-Anne* (de Saumur). — Reçoit gratuitement les malades indigents de la commune.

Hôpital de La Gorgue. — Desservi par les *Filles de l'Enfant-Jésus.* — Reçoit gratuitement les malades indigents de la commune.

Hospice de Steenbecque. — Desservi par les *Filles de l'Enfant-Jésus.* — Reçoit gratuitement les malades indigents de la commune. — 24 lits.

Hospice de Steenworde. — Desservi par les *Filles de l'Enfant-Jésus.* — Reçoit gratuitement les malades indigents de la commune.

Hôpital d'Haverskerque. — Desservi par les *Filles de l'Enfant-Jésus.* — Reçoit gratuitement les malades indigents de la commune.

Hospice de Merville. — Desservi par les *Filles de l'Enfant-Jésus.* — Reçoit gratuitement les malades indigents de la commune.

Maladrerie de Merville. — Desservi par les *Sœurs Franciscaines.* — Reçoit gratuitement les malades indigents de la commune.

Hôpital de Meteren. — Desservi par un personnel laïque. — Reçoit gratuitement les malades indigents de la commune.

Hôpital de Vieux-Berquin. — Desservi par les *Filles de l'Enfant-Jésus.* — Reçoit gratuitement les malades indigents de la commune.

Hôtel-Dieu de Valenciennes. — Fondé en 1432. — Desservi par les *Sœurs de Saint-Vincent de Paul.* — Reçoit gratuitement les malades indigents de la ville et ceux de 81 communes rattachées, aux frais de celles-ci. — 132 lits.

Hospice de Fresnes. — Desservi par les *Sœurs de l'Enfant-Jésus.* — Reçoit gratuitement les malades indigents de la commune.

Hospice de Saint-Amand. — Desservi par les *Sœurs de Saint-Vincent de Paul.* — Reçoit gratuitement les malades indigents de la commune. — 98 lits.

Hospice de Sebourg. — Desservi par les *Sœurs de la Sagesse.* — Reçoit gratuitement les malades indigents de la commune.

Hospice de Bouchain. — Reçoit gratuitement les malades indigents de la commune. — 34 lits (1).

DISPENSAIRES

Maison de santé Sainte-Camille, à Lille. (Voir plus loin.) — Consultations et médicaments gratuits pour les indigents.

Dispensaire de la Barre, à Lille (20, rue de la Halloterie).

(1) Le tableau des communes rattachées aux divers hôpitaux a été dressé par le Conseil général du Nord, en exécution de la loi du 15 juillet 1893.

Dispensaire du Bureau de charité Saint-André, à Lille (cour Jean Fremaux).

Dispensaire du Bureau de charité Sainte-Catherine, à Lille (20, rue de la Halloterie).

Dispensaire A. Werguen, à Lille (52, rue de la Vignette).

Dispensaire du Bureau de charité Saint-Maurice, à Lille (22, rue des Fossés).

Dispensaire du Bureau de charité Saint-Sauveur (annexé à l'hôpital de ce nom).

Dispensaire de Wazemmes, à Lille (20, rue Gantois).

Dispensaire d'Esquermes, à Lille (6, boulevard Montebello).

Dispensaire de Moulins, à Lille (rue Fénelon).

Dispensaire Saint-Gabriel, à Lille (rue Saint-Gabriel).

Dispensaire Saint-Raphaël, à Lille (86, rue du Port).

Dispensaire de l'hôpital de Roubaix. — Consultations gratuites.

Dispensaire de l'hôpital de Wattrelos. — Consultations gratuites. Distribution de médicaments.

Dispensaire de la « Flandre » (compagnie d'assurance), **à Roubaix.** — Fondé en 1898. — Donne des soins aux blessés de l'industrie.

Dispensaire de l'hôpital, à Tourcoing.

Dispensaire de l'hôpital, à Hazebrouck. — Consultations tous les matins de 8 heures à 9 heures. — Un lit, fondé par un particulier, est à la disposition d'une famille où se trouve un malade soigné à domicile, pour préserver un autre de ses membres de la contagion.

Dispensaire de Bailleul, à la Maison de secours. — Dirigé par les *Sœurs de Saint-Vincent de Paul.*

Dispensaire de l'Hôtel-Dieu, à Valenciennes.

ASSISTANCE ET SOINS DES MALADES A DOMICILE

Nombre des malades indigents soignés à domicile, en 1896, par le service de l'Assistance médicale gratuite : 100,561.

Maison des Sœurs gardes-malades des pauvres, à Lille. — Soigne et garde gratuitement les malades indigents.

Maison des Sœurs du Bon-Secours de Notre-Dame Auxiliatrice, à Lille. — Même objet.

Maison des Sœurs Servantes du Sacré-Cœur de Jésus, à Lille-Esquermes. — Fondée en 1882. — Même objet.

Maison du même ordre, ayant le même objet, à **Fives-Lille** (fondée en 1876), **Loos** (fondée en 1884) et **Houplines.**

Maison des Sœurs de Notre-Dame de La Treille, à Lille. — Même objet.

Maison des Petites Sœurs de l'Assomption, à Lille (109, rue des Stations).

Maison des Sœurs de Niederbronn, à Lille (11, rue Colbert).

Fondation Thiriez, à Loos. — Assure, aux ouvriers de la maison Thiriez habitant Lille, les soins gratuits de Sœurs gardes-malades.

Fondation de la Compagnie de Fives-Lille. — Même objet pour les ouvriers malades ou blessés de cette compagnie.

Secours aux blessés de l'industrie, à Lille. — Œuvre fondée, en 1864, par M. Aug. Longhaye. — Enrichie par de nombreux dons et un legs important de M. Alexandre Leleux. Alloue des secours aux ouvriers des deux sexes blessés dans l'exercice de leur profession, et, en cas de décès par suite de ces blessures, à leurs conjoints et orphelins.

Œuvre du prêt du linge aux indigents malades, à Lille (7, rue Saint-Genois). — Fondée en 1870, sur l'initiative de Mme Masson. Compte environ 600 dames associées.

Maison des Sœurs de Niederbronn, à la Madeleine. — Soigne gratuitement les malades indigents.

Maison des Sœurs de Bon-Secours de Notre-Dame Auxiliatrice, à Roubaix. — Soigne gratuitement les malades indigents.

Maison du même ordre, ayant le même objet, à **Tourcoing.**

Maison des Sœurs de Niederbronn, à Roubaix. — Soigne gratuitement les malades indigents. Leur distribue, pour le compte de personnes charitables, des secours en argent.

Œuvre du prêt du linge, à Roubaix. — Fondée à l'aide d'une donation de Mme Wattine-Hovelacque. — Dirigée par les *Sœurs de Niederbronn.* — Prête aux indigents malades des draps et du linge de corps.

Maison des Sœurs de la Sagesse, à Warlaing. — Soigne gratuitement les malades indigents.
Maison du même ordre, ayant le même objet, à **Merville.**

Maison des Sœurs de la Compassion (de Domfront), à **Avesnes.** — Visite et assiste les malades indigents.

Maison des Sœurs de la Compassion (de Villersexel), à **Fourmies.** — Même objet.

Maison des Sœurs gardes-malades (de Grand-Fontaine). — Soigne les malades indigents.

Maison des Sœurs de Sainte-Marie, à Douai. — Même objet.

Maison des Sœurs de l'Enfant-Jésus, à Dunkerque. — Assistent, soignent à domicile, exclusivement, les malades indigents. Leur distribuent les secours de l'*Association charitable de Dunkerque.* (Voir, plus haut, *Secours aux indigents.*)

Maison des Sœurs Augustines (de Gand), **à Dunkerque.** — Soigne à domicile, moyennant une rétribution modique, les malades de toute condition.

Secours immédiats aux victimes d'accidents de travail, à Dunkerque. — Œuvre fondée en 1894. — Distribue des secours en argent aux personnes blessées par suite d'un accident de travail s'étant produit dans la ville, même si elles sont domiciliées dans une commune suburbaine.

Maison des Sœurs Augustines (de Bailleul), **à Bergues.** — Assistent et soignent à domicile les malades indigents.

Maison des Sœurs Augustines (de Bailleul), **à Hazebrouck.** — Assistent et soignent à domicile les malades indigents.
Maison du même ordre, ayant le même objet, à **Bailleul.**

Œuvre des pauvres malades, à Bailleul. — Association de dames visitant les malades indigents et leur distribuant des secours en nature.

Maison des Sœurs Franciscaines, à Merville. — Assistent et soignent les malades indigents.

Maison des Sœurs de Saint-Vincent de Paul, à Valenciennes (rue Salle-le-Comte). — Visitent et assistent les malades indigents.

Maison des Sœurs de Notre-Dame de la Treille, à Valenciennes (rue de Paris). — Même objet.

Maison des Filles de la Sagesse, à Artres. — Soigne à domicile les malades indigents.

Maisons des Sœurs de Saint-Vincent de Paul, à Anzin et à la Sentinelle. — Soignent les ouvriers malades ou blessés.

Maison des Sœurs de Saint-Erme, à Préseau. — Assiste à domicile les malades indigents.

Maison des Sœurs de la Sainte-Famille, à Raismes. — Même objet,

MAISONS DE SANTÉ ET DE RETRAITE

Maison Sainte-Camille, à Lille (8, rue de la Bassée). — Dirigée par les *Pères de Saint-Camille de Lellis.* — Reçoit les hommes malades ou convalescents, sauf ceux atteints d'une affection mentale, moyennant 4 ou 5 francs par jour, suivant la classe, pour les malades en chambre isolée, et 3 francs par jour en chambre commune. Les malades ont de plus à leur charge les frais de médecin, les opérations, les médicaments, le blanchissage du linge personnel, le chauffage par la cheminée, les bains et la dépense d'une garde particulière, si celle-ci est nécessaire.

Hôpital de la Charité, à Lille. (Voir, plus haut, *Hôpitaux et hospices.*) — Reçoit, dans une maison de santé annexée à l'hôpital, des malades de toute origine, moyennant une pension de 5 à 6 francs par jour.

Maison de Santé, à Lille (199, boulevard Victor Hugo). — Dirigée par les *Sœurs Franciscaines de la Propagation de la foi.* — Reçoit les jeunes filles et les femmes atteintes de maladies chroniques, moyennant une pension variable.

Maison de santé protestante, à Lille. — Fondée en 1858.

Maison de retraite, à Lille (26, rue d'Angleterre). — Dirigée par les *Sœurs de Notre-Dame de la Treille.* — Reçoit des dames pensionnaires et des dames malades, moyennant une pension variable.

Maison Saint-Charles, à Lille (boulevard de la Moselle). — Dirigée par les *Sœurs de Saint-Vincent de Paul.* — Reçoit des dames pensionnaires, moyennant 1,200 francs par an, tout compris, sauf le vin.

Maison de retraite, à Lille (56, façade de l'Esplanade). — Dirigée par les *Sœurs Franciscaines* (dites de *Notre-Dame des Anges*). — Reçoit des dames pensionnaires, moyennant 1,000 francs par an, plus le logement, dont le prix varie suivant les chambres, le chauffage et l'éclairage.

Maison de retraite, à Loos. — Dirigée par les *Sœurs de Notre-Dame de la Charité du Bon-Pasteur.* — Reçoit des dames pensionnaires.

Maison de famille, à Tourcoing (rue de la Cloche). — Fondée en 1893. — Dirigée par les *Sœurs de la Présentation de la Sainte-Vierge* (de Tours). — Reçoit des dames moyennant une pension variant de 650 à 1,000 francs par an.

Hospice de Rosendaël. (Voir, plus loin, *Asiles de vieillards.*) — A un chalet de convalescents pour les malades sortant de l'hôpital de Dunkerque. — 10 lits.

Hospice d'Estaires. — Dirigé par les *Sœurs de Saint-Vincent de Paul.* — Reçoit des pensionnaires des deux sexes, moyennant une pension annuelle de 400 francs.

INCURABLES OU INFIRMES

Hôpital général de Lille. (Voir, plus haut, *Hôpitaux et hospices.*) — Reçoit des incurables.

Asile libre d'incurables, à Lille. (Voir, plus haut, *Enfance et Adolescence.*) — Reçoit des femmes atteintes d'infirmités incurables ou chroniques, idiotes ou épileptiques, aux mêmes conditions que les jeunes filles.

Œuvre des invalides du travail de la ville de Lille. — Fondée en 1858, sur l'initiative de M. Aug. Longhaye. — Dotée en 1865 par la famille Wallaert-Mille, et, depuis, par d'autres bienfaiteurs. — *Reconnue établ. d'util. publ.* en 1867. — Accorde des secours *viagers* (de 365 francs par an, au *maximum*) aux ouvriers des deux sexes, de tout âge et de toute nationalité, domiciliés à Lille et ayant, par suite de blessures reçues dans l'exercice de leur profession, perdu l'usage d'un membre ou d'un organe, ou contracté des infirmités équivalentes); des secours *temporaires* aux veuves de ces ouvriers morts des suites de leur blessure et laissant plusieurs enfants; et aux ouvriers blessés dont la guérison peut être espérée.

Hospice de Barbieux. (Voir, plus loin, *Vieillesse.*) — Reçoit des incurables des deux sexes et de tout âge aux mêmes conditions que les vieillards.

Hospice général de Tourcoing. (Voir, plus loin, *Asiles de vieillards.*) — Reçoit des incurables, les indigents de la ville gratuitement, les autres moyennant une pension de 400 francs par an.

Hospice de Rosendaël. (Voir, plus loin, *Asiles de vieillards.*) — A sept lits, fondés en 1891, par la vicomtesse Foulon de Doué, pour des hommes ou femmes infirmes, et, de préférence, aveugles, domiciliés dans l'une des treizes communes où la fondatrice avait des propriétés.

ALIÉNÉS

Asile départemental d'Armentières. — Reçoit des hommes aliénés.

Comptait, au 1er janvier 1893, 735 aliénés.

Asile départemental de Bailleul. — Desservi par les *Sœurs de l'Enfant-Jésus.* — Reçoit des femmes aliénées.

Comptait, au 1er janvier 1893, 1,246 aliénées.

Asile de Lommelet. — Asile privé faisant fonction d'asile public. — Dirigé par les *Frères de Saint-Jean de Dieu.* — Reçoit des hommes aliénés, moyennant une pension variant de 1 fr. 25 à 10 francs par jour, plus un trousseau et le blanchissage.

Comptait, au 1er janvier 1893, 642 aliénés.

Œuvre de patronage des aliénées indigentes sorties guéries ou améliorées de l'Asile de Bailleul. — Fondée en 1882, sur l'initiative de M. Leblond, directeur de cet asile. — Patronne les aliénées guéries, les aide par des secours en argent ou en nature jusqu'à ce qu'elles aient trouvé du travail.

AVEUGLES

Secours du Bureau de bienfaisance, à Lille. — Outre les secours en nature alloués à tous les indigents, les indigents aveugles de tout âge reçoivent du Bureau de bienfaisance 7 francs par mois s'ils vivent dans leur famille, 8 fr. s'ils sont seuls.

ŒUVRES EN FAVEUR DES MILITAIRES ET DES MARINS

Société de secours aux blessés militaires (siège social à Paris, 19, rue de Matignon). — Comités à **Lille,** — **Aulnoy,** — **Douai,** — **Dunkerque,** — **Hazebrouck,** — **Maubeuge,** — **Tourcoing,** — **Valenciennes** et **Watten.** — Assiste en temps de guerre, les militaires blessés ou malades; secourt, en temps de paix, les anciens militaires blessés, leurs veuves et leurs orphelins.

Union des Femmes de France (siège social à Paris, 29, rue de la Chaussée d'Antin). — Comités à **Lille,** — **Avesnes,** — **Douai,** — **Dunkerque** et **Valenciennes.** — Assiste, en temps de guerre, les militaires blessés ou malades; secourt, en temps de paix, les victimes des désastres publics.

Association des Dames françaises (siège social à Paris, 10, rue Gaillon). — Comités au **Quesnoy** et à **Roubaix.** — Même objet.

Société centrale de sauvetage des naufragés (siège social à Paris, 1, rue de Bourgogne.) — Stations de canots établies à :

Gravelines, en 1886 (par un legs du duc de Clermont-Tonnerre);

Dunkerque. Deux, en 1875 (par donations de la ville de Margate, en Angleterre, et de la *Société humaine* de Dunkerque, qui, à cette époque, s'annexa à la Société centrale de Paris);

Fort-Mardyck, en 1879;

Malo-les-Bains, en 1891.

Caisse de secours en faveur des familles des marins morts ou présumés péris à la pêche de la morue, à Dunkerque. — *Autorisée* en 1870. Est alimentée par une cotisation des armateurs, membres de la Société, ixée à 1 franc par homme embarqué et par une cotisation des matelots représentant 1 pour 100 de leur salaire. Assure à la veuve du marin décédé une pension de 600 francs augmentée de 100 francs pour chaque enfant.

Caisse semblable à **Gravelines**. — Fondée en 1878.

Caisse de secours en faveur des familles des marins morts ou présumés péris à la pêche du poisson frais, à Dunkerque. — Fondée en 1879. — *Autorisée* en 1885. — Reconstituée en 1896. Est alimentée par une retenue de 1 fr. 50 pour 100 sur le prix de vente du poisson frais rapporté de Dunkerque ou des ports voisins par les bateaux adhérents. — Même fonctionnement que la précédente.

Société d'assurance mutuelle entre inscrits maritimes du quartier de Dunkerque. — Fondée en 1874. — Assure les sociétaires contre la perte des bateaux ou du matériel de pêche.

La Maison du Marin à Dunkerque. — Fondée en 1893, fonctionnant depuis 1895. — *Reconnue établ. d'util. publ.* en mai 1897. — Les marins y sont logés et nourris moyennant 2 francs par jour. Ils y trouvent, en outre, une bibliothèque, une salle de correspondance, un bureau d'enregistrement (à la condition d'être munis de bons certificats) et des consultations médicales gratuites.

Fondation Foulon de Doué, datant de 1891. — Assure sept places à *Orphelinat de l'hospice civil de Dunkerque* (voir, plus haut, *Orphelinats*) à des enfants de marins morts en mer ou de militaires morts sous les drapeaux.

Hospice de Bray-Dunes. — Reçoit spécialement de vieux marins ou leurs veuves. — 20 lits.

ŒUVRE EN FAVEUR DES ALSACIENS-LORRAINS

Société d'Alsace-Lorraine, à Lille (6, rue de Courtray). — A pour but de protéger les Alsaciens-Lorrains domiciliés à Lille, d'assister les plus indigents.

III

VIEILLESSE

ASILES DE TOUTE NATURE POUR LES VIEILLARDS

Hospice général, à Lille. — Desservi par les *Filles de l'Enfant-Jésus.* — Reçoit des vieillards des deux sexes, âgés de 60 ans au moins, appartenant aux cantons de *Lille*, — *Cysoing*, — *Haubourdin* et *Lannoy*, les plus indigents gratuitement, les autres moyennant une pension annuelle de 340 francs. — 1,300 lits.

Hospice Comtesse (dit *des Vieux Hommes*), **à Lille.** — Fondé en 1237 par la comtesse Jeanne de Constantinople. — Desservi par les *Sœurs de Saint-Vincent de Paul.* — Reçoit des vieillards, les indigents gratuitement, les autres moyennant une pension de 610 francs par an. — 100 lits.

Hospice Ganthois, à Lille. — Fondé en 1460 par Jehan Delecambe, dit Ganthois. — Desservi par les *Sœurs Augustines.* — Reçoit des femmes âgées, les indigentes gratuitement, les autres moyennant une pension de 425 francs par an. — 200 lits.

Hospice François Baes, à Lille. — Fondé en 1868 à l'aide d'un legs de 700,000 francs fait par M. Baes. — Reçoit des ménages de vieillards, aux conditions des hospices Comtesse et Ganthois.

Hospice des vieux ménages, à Lille. — Reçoit des ménages de vieillards, aux conditions de l'hospice Ganthois. — 54 lits.

Maison des Petites Sœurs des pauvres, à Lille. — Fondée en 1858. — Reçoit gratuitement, ou moyennant une pension très modique, des vieillards indigents des deux sexes, âgés de 60 ans au moins. — 250 lits.

Hospice de Loos. — Fondé en 1868 par M. Bonnier et l'abbé Michaud. — Dirigé par les *Sœurs de Saint-Vincent de Paul.* — Reçoit des vieillards des deux sexes. — 24 lits.

Maison des Petites Sœurs des Pauvres, à la Madeleine-lez-Lille. — Fondée, en 1882, par M. Desmazures. — Mêmes conditions qu'à la maison de Lille. — 180 lits.

Cité Saint-Augustin, à Lille. — Loge gratuitement des veuves âgées. — 15 lits.

Hospice d'Armentières. — Desservi par les *Sœurs de Saint-Vincent de Paul.* — Reçoit des vieillards des deux sexes. — 236 lits.

Maison des Petites Sœurs des Pauvres, à Armentières. — Fondée en 1877. — Mêmes conditions qu'à la maison de Lille.

Hospice de Roncq. — Desservi par les *Sœurs de la Providence de Sainte-Thérèse* (d'Avesnes). — Reçoit des vieillards des deux sexes.

Hospice de la rue de l'Hospice, à Roubaix. — Fondé en 1742. — Desservi par les *Filles de l'Enfant-Jésus.* — Reçoit gratuitement des vieillards indigents des deux sexes, comptant 25 ans de résidence à Roubaix, s'ils sont Français, 35 ans, s'ils sont étrangers; et d'autres moyennant une pension de 400 fr. par an. — 375 lits.

Hospice de Barbieux. — Fondé en 1893, sur un terrain appartenant aux hospices de Roubaix. — Desservi par les *Filles de l'Enfant-Jésus*. — Mêmes conditions que pour le précédent. — 411 lits.

Maison des Petites Sœurs des Pauvres, à Roubaix. — Fondée en 1861. — Mêmes conditions qu'à la maison de Lille. — 255 lits.

Hospice de Wattrelos. — Fondé en 1520 par Catherine et Jeanne Descamps. Agrandi en 1676, en exécution d'un legs de Pierre de Bischopp. — Desservi par les *Filles de l'Enfant-Jésus*. — Reçoit gratuitement des vieillards indigents des deux sexes âgés de 60 ans au moins et habitant la commune depuis 25 ans. — 120 lits.

Maison des Petites Sœurs des Pauvres, à Tourcoing. — Fondée en 1874 par M. Motte. — Mêmes conditions qu'à la maison de Lille. — 180 lits.

Hospice général de Tourcoing. — Fondé, en 1260, par Mme Mahaut de Guisnes. — Desservi par les *Filles de l'Enfant-Jésus*. — Reçoit des vieillards des deux sexes âgés de 65 ans au moins. — 132 lits.

Hospice de Lomme. — Desservi par les *Sœurs de Notre-Dame de la Treille* (de Lille). — Reçoit des vieillards des deux sexes.

Hospice de Beaucamps. — Fondé en 1870. — Desservi par les *Filles de l'Enfant-Jésus*. — Reçoit des vieillards des deux sexes.

Hospice de Wavrin. — Desservi par les *Sœurs de la Sagesse*. — Reçoit des vieillards des deux sexes.

Hospice d'Avesnes. — Desservi par les *Sœurs de la Providence de Sainte-Thérese*. — Reçoit des vieillards des deux sexes.

Asile de vieillards, à Maubeuge. — Desservi par les *Sœurs de la Providence* (d'Avesnes). — Reçoit des vieillards des deux sexes.

Maison des Petites Sœurs des Pauvres, à Maubeuge. — Fondée en 1868. — Mêmes conditions qu'à la maison de Lille.

Maison des Petites Sœurs des Pauvres, à Fourmies. — Fondée en 1866. — Mêmes conditions qu'à la maison de Lille. — 100 lits.

Hospice général, à Cambrai. — Desservi par les *Sœurs de Saint-Vincent de Paul*. — Reçoit gratuitement des vieillards indigents des deux sexes de la ville.

Maison des Petites Sœurs des Pauvres, à Escaudœuvres. — Fondée en 1868. — Mêmes conditions qu'à la maison de Lille. — 100 lits.

Hospice de Paillencourt. — Desservi par les *Sœurs de la Sagesse*. — Reçoit gratuitement les vieillards indigents des deux sexes de la commune. — 100 lits.

Asile Saint-Charles, au Cateau. — Fondé en 1854 par M. Charles

Seydoux et donné par lui à la ville. — Reçoit gratuitement des vieillards indigents des deux sexes de la commune.

Hospice général, à Douai. — Desservi par les *Sœurs de Saint-Vincent de Paul.* — Reçoit gratuitement des malades indigents des deux sexes de la ville. — 520 lits.

Maison des Petites Sœurs des Pauvres, à Rosendaël. — Fondée en 1868, à Dunkerque, transférée en 1883 à Rosendaël. — Mêmes conditions qu'à la maison de Lille. — 150 lits.

Hospice de Rosendaël. — Substitué en 1891, pour le service des vieillards, à l'**Hospice de Dunkerque.** — (Fondé en 1452 sous le nom d'*Hospice de Saint-Julien.*) — Desservi par les *Sœurs de l'Enfant-Jésus.* — Reçoit des vieillards des deux sexes, les indigents de Dunkerque gratuitement. — 250 lits (huit chambres pour des ménages).

Hospice d'Esquelbecq. — Fondé en 1857. — Reçoit des vieillards des deux sexes de la commune. — 25 lits.

Hôpital-hospice de Bollezeele. (Voir, plus haut, *Secours aux malades*). — Reçoit des vieillards des deux sexes de la commune.

Hôpital-hospice de Bergues. (Voir plus haut.) — Reçoit des vieillards des deux sexes, de la commune.

Hôpital-hospice de Gravelines. (Voir plus haut.) — Reçoit des vieillards des deux sexes de la commune.

Hôpital-hospice d'Hondschoote. (Voir plus haut.) — Reçoit des vieillards des deux sexes de la commune.

Hôpial-hospice d'Hazebrouck. — (Voir, plus haut, *Hôpitaux et hospices.*) — A 80 lits réservés à des vieillards des deux sexes.

Hôpital-hospice de Cassel. (Voir plus haut.) — A 36 lits réservés à des vieillards.

Hospice de Bailleul. — Desservi par les *Sœurs Augustines* (dites *Sœurs Noires*). — Reçoit gratuitement les vieillards indigents des deux sexes de la commune. — 80 lits.

Maison de retraite de Merville (annexée à la Maladrerie). — Dirigée par les *Sœurs Franciscaines.* — Reçoit des vieillards des deux sexes.

Hospice de Steenwoorde. — Desservi par les *Filles de l'Enfant-Jésus.* — Reçoit des vieillards des deux sexes.

Maison des Petites Sœurs des Pauvres, à Valenciennes. — Fondée en 1874. — Mêmes conditions qu'à la maison de Lille. — 100 lits.

Hospice général de la Charité, à Valenciennes. — Fondé en 1751 par lettres patentes de Louis XV. — Desservi par les *Sœurs de Saint-Vincent de Paul.* — Reçoit gratuitement des vieillards ou infirmes indigents des deux sexes domiciliés dans la ville (ainsi que des enfants orphelins ou abandonnés). — 430 lits.

Hospice des Chartriers, à Valenciennes. — Reçoit des vieillards des deux sexes, domiciliés depuis 25 ans dans la ville, moyennant la somme une fois donnée de 1,700 francs, plus un trousseau de 300 francs.

Maison des veuves, à Valenciennes (impasse des Cardinaux). — Loge gratuitement des femmes âgées. — 9 lits.

Œuvre de l'hôtellerie, à Valenciennes (marché aux Herbes). — Fondée au IVe siècle. — Reçoit des veuves ou filles âgées de la ville. — 10 lits.

Hospice des vieillards, à Condé. — Reçoit gratuitement des hommes indigents âgés, de familles recommandables. — 12 places.

Hospice des veuves, à Condé. — Reçoit des femmes indigentes âgées. — 12 places.

Hospice Sainte-Bénigne, à Saint-Amand. — Reçoit des vieillards indigents des deux sexes de la commune. — 40 lits.

Hospice Drousart, à Bouchain. — Desservi par les *Sœurs de Saint-Vincent de Paul.* — Reçoit des vieillards indigents des deux sexes de la commune. — 34 lits.

SECOURS SPÉCIAUX POUR VIEILLARDS

Œuvre des vieillards indigents de Lille. — Fondée en 1846 par MM. Achille et Arthur Gentil, Lahousse et Descamps. Société de jeunes gens visitant les vieillards indigents et leur portant des secours en nature (bons de pain, de bouillon et de charbon, etc.)

Pensions de vieillards (dites *Secours d'hospices*), montant à 150 francs et allouées par le Bureau de bienfaisance à des vieillards indigents des deux sexes, de Lille, âgés de 70 ans au moins et demeurant dans leur famille. (Plus de 700 vieillards reçoivent cette pension.)

Hospice de Roubaix. (Voir plus haut.) — Accorde aux incurables et aux vieillards âgés de 70 ans, comptant vingt-cinq ans de résidence dans la commune s'ils sont Français, trente-cinq ans s'ils sont étrangers, des secours mensuels variant de 10 à 15 francs.

Hospice général de Tourcoing. (Voir plus haut.) — Accorde aux indigents de la commune, remplissant certaines conditions d'âge et de résidence, des secours mensuels variant de 10 à 30 francs. (Au 1er janvier 1898, comptait 76 de ces pensionnaires.)

Pensions de vieillards, à Fourmies. — Distribuées par la municipalité.

Hospice de Bourbourg. (Voir, plus haut, *Secours aux malades.*) — Alloue au Bureau de bienfaisance une subvention destinée aux familles d'ouvriers ayant des parents âgés à leur charge.

Œuvre de l'Hôtellerie, à Valenciennes. (Voir, ci-dessus, *Asiles de vieillards*). — Distribue des secours aux vieillards indigents des deux sexes domiciliés depuis 5 ans au moins dans la ville.

Hospice de Wormhoudt. — *Autorisé* en 1866. — Desservi par les *Religieuses Augustines* (de Cambrai). — Reçoit des vieillards des deux sexes.

Hospice de Warhem. — *Autorisé* en 1871. — Desservi par les *Filles de l'Enfant-Jésus.* — Reçoit des vieillards des deux sexes.

www.ingramcontent.com/pod-product-compliance
Lightning Source LLC
LaVergne TN
LVHW050543100826
845148LV00002B/658

* 9 7 8 2 0 1 2 6 8 1 3 0 9 *